中华文化风采录

古老历史遗产

奇特的石刻

周丽霞 编著

北方妇女儿童出版社

·长春·

图书在版编目(CIP)数据

　　奇特的石刻 / 周丽霞编著. —长春 ： 北方妇女
儿童出版社，2017.1（2022.8重印）
　　（古老历史遗产）
　　ISBN 978-7-5585-0666-6

　　Ⅰ．①奇… Ⅱ．①周… Ⅲ．①石刻－介绍－中国－
古代 Ⅳ．①K877.4

　　中国版本图书馆CIP数据核字(2016)第311456号

奇特的石刻
QITE DE SHIKE

出　版　人　师晓晖
责任编辑　吴　桐
开　　　本　700mm×1000mm　1/16
印　　　张　6
字　　　数　85千字
版　　　次　2017年1月第1版
印　　　次　2022年8月第3次印刷
印　　　刷　永清县晔盛亚胶印有限公司
出　　　版　北方妇女儿童出版社
发　　　行　北方妇女儿童出版社
地　　　址　长春市福祉大路5788号
电　　　话　总编办：0431-81629600

定　　　价　36.00元

习近平总书记说："提高国家文化软实力，要努力展示中华文化独特魅力。在5000多年文明发展进程中，中华民族创造了博大精深的灿烂文化，要使中华民族最基本的文化基因与当代文化相适应、与现代社会相协调，以人们喜闻乐见、具有广泛参与性的方式推广开来，把跨越时空、超越国度、富有永恒魅力、具有当代价值的文化精神弘扬起来，把继承传统优秀文化又弘扬时代精神、立足本国又面向世界的当代中国文化创新成果传播出去。"

为此，党和政府十分重视优秀的先进的文化建设，特别是随着经济的腾飞，提出了中华文化伟大复兴的号召。当然，要实现中华文化伟大复兴，首先要站在传统文化前沿，薪火相传，一脉相承，弘扬和发展5000多年来优秀的、光明的、先进的、科学的、文明的和自豪的文化，融合古今中外一切文化精华，构建具有中国特色的现代民族文化，向世界和未来展示中华民族具有独特魅力的文化风采。

中华文化就是中华民族及其祖先所创造的、为中华民族世世代代所继承发展的、具有鲜明民族特色而内涵博大精深的优良传统文化，历史十分悠久，流传非常广泛，在世界上拥有巨大的影响力，是世界上唯一绵延不绝而从没中断的古老文化，并始终充满了生机与活力。

浩浩历史长河，熊熊文明薪火，中华文化源远流长，滚滚黄河、滔滔长江是最直接的源头，这两大文化浪涛经过千百年冲刷洗礼和不断交流、融合以及沉淀，最终形成了求同存异、兼收并蓄的辉煌灿烂的中华文明。

中华文化曾是东方文化的摇篮，也是推动整个世界始终发展的动力。早在500年前，中华文化催生了欧洲文艺复兴运动和地理大发现。在200年前，中华文化推动了欧洲启蒙运动和现代思想。中国四大发明先后传到西方，对于促进西方工业社会形成和发展曾起到了重要作用。中国文化最具博大性和包容性，所以世界各国都已经掀起中国文化热。

中华文化的力量，已经深深熔铸到我们的生命力、创造力和凝聚力中，是我们民族的基因。中华民族的精神，也已深深根植于绵延数千年的优秀文化传统之中，是我们的精神家园。但是，当我们为中华文化而自豪时，也要正视其在近代衰微的历史。相对于5000年的灿烂文化来说，这仅仅是短暂的低潮，是喷薄前的力量积聚。

中国文化博大精深，是中华各族人民5000多年来创造、传承下来的物质文明和精神文明的总和，其内容包罗万象，浩若星汉，具有很强的文化纵深感，蕴含丰富的宝藏。传承和弘扬优秀民族文化传统，保护民族文化遗产，已经受到社会各界重视。这不但对中华民族复兴大业具有深远意义，而且对人类文化多样性保护也是重要贡献。

特别是我国经过伟大的改革开放，已经开始崛起与复兴。但文化是立国之根，大国崛起最终体现在文化的繁荣发展上。特别是当今我国走大国和平崛起之路的过程，必然也是我国文化实现伟大复兴的过程。随着中国文化的软实力增强，能够有力加快我们融入世界的步伐，推动我们为人类进步做出更大贡献。

为此，在有关部门和专家指导下，我们搜集、整理了大量古今资料和最新研究成果，特别编撰了本套图书。主要包括传统建筑艺术、千秋圣殿奇观、历来古景风采、古老历史遗产、昔日瑰宝工艺、绝美自然风景、丰富民俗文化、美好生活品质、国粹书画魅力、浩瀚经典宝库等，充分显示了中华民族厚重的文化底蕴和强大的民族凝聚力，具有极强的系统性、广博性和规模性。

本套图书全景展现，包罗万象；故事讲述，语言通俗；图文并茂，形象直观；古风古雅，格调温馨，具有很强的可读性、欣赏性和知识性，能够让广大读者全面触摸和感受中国文化的内涵与魅力，增强民族自尊心和文化自豪感，并能很好地继承和弘扬中国文化，创造未来中国特色的先进民族文化，引领中华民族走向伟大复兴，在未来世界的舞台上，在中华复兴的绚丽之梦里，展现出龙飞凤舞的独特魅力。

摩崖精品——石刻荟萃

大足石刻

大足石刻是重庆大足县内102处摩崖造像的总称，其规模宏大，刻艺精湛，内容丰富，具有鲜明的民族特色，具有很高的历史价值，在我国古代石窟艺术史上占有举足轻重的地位。

大足石刻最初开凿于892年，历经后梁、后唐、后晋、后汉、后周五代至1162年完成，历时250多年，余韵延至明清，历经沧桑，是一座历史悠久的石窟艺术宝库。

三教合一与石刻艺术

在我国，儒、道、佛"三教合一"是各种文化在中华民间的融合过程，而它们所反映在从古至今的文化活动中，就是流传后世的各种具象作品，而重庆的大足石刻则是其中最突出、最有代表性的典型例证。

宝顶山摩崖石刻

在我国古代传统思想中，儒家思想大部分时间占据主流。这是由于汉武帝接受卫绾、田蚡、董仲舒等人的意见"罢黜百家，独尊儒术"，以及后来作为官方思想的"理学"，都是以批判佛老异端、继承儒家道统为旗帜的。而且，作为儒家思想文化的代表著作"五经""十三经"，也一直被历代封建统治者奉为中华文化的基本典籍，因此，儒家思想获得了正统地位，被视作中华文化的代表。

■ 重庆大足石刻

然而，在中华传统文化的发展过程中，还存在着除儒家思想体系以外的其他许多学派思想体系，如道家、法家、名家、阴阳家、墨家，以及后来传入我国的佛教等。

儒、道两家前后都形成于春秋末期，但在春秋末至战国初，则是儒、墨两家对立最为尖锐的时期，在社会上的影响也最大，被称之为当时的两大"显学"。

道家学派发展至战国中期的庄子等人时，开始广泛传播，从而成为先秦时期与儒墨鼎足而立的三大学派之一。战国中后期，在文化思想方面出现了一个诸子百家竞相争鸣的繁荣局面。

这时，一方面是各学派内部的大分化，《庄子·天下篇》谈到当时的道家，有"彭蒙、田骈、慎

五经 指我国儒家的五部经典，即《周易》《尚书》《诗经》《礼记》《春秋》。温柔敦厚，《诗》教也；疏通知远，《书》教也；广博易良，《乐》教也；洁静精微，《易》教也；恭俭庄敬，《礼》教也；属辞比事，《春秋》教也。汉武帝立五经博士，儒教国家化由此谓开端。

■ 大足石刻人物像

到"和"关尹老聃""庄周"三家之别。

魏晋时期的玄学，标志着儒道思想在冲突中的进一步渗透和融合。王弼所谓"圣人体无，故言必及有，老庄未免于有，故恒致归于无"，已熔儒道有无之说于一炉。

至于郭象，在《庄子注》中高唱"内圣外王"之道，所谓"圣人虽在庙堂之上，然其心无异于山林之中"，则真可谓将儒、道两家主要思想，融会到了无法再分你我的境地。

因此，王弼、郭象的玄学体系，在我国思想文化的发展史上，有着重要的地位，它对以后的宋明理学，有着极深的影响。

儒家和道家的思想有其根本的区别，随着佛教传入我国、道教的宗教化以及儒家的神学化，三家的关系在鼎立的基础上开始了相互融合的历史。

佛教自东晋南北朝时开始在社会上，特别在思想文化方面，产生了广泛影响。在姚秦的首都长安，以鸠摩罗什为首的译经场，形成了我国历史上第一次大规模翻译佛教经典的高潮。其时南北高僧居士辈出，终于使佛教成为足以与儒、道两家相鼎立的一种理论势力，且透露出压倒儒道的趋势。

佛教发展的迅速，也促使儒家和道教的关系首先产生了微妙的变化，道教也开始从佛教中吸取诸如仪式的完整等方面的优点，士大夫也把佛教作为退隐的依托，同时佛教也开始运用中国化的语言和借用儒道两家的术语来宣传自己的教义。

经过南北朝皇室的崇佛和灭佛运动，佛教在我国民众的生活中产生了广泛的影响，从隋唐以来，佛教不再是上层阶级的精神奢侈品，而成为了广大民众逃

居士 古代称有德才而隐居不仕或未仕的人为"居士"。因为信佛教者颇多，所以佛教用以称呼在家佛教徒中受过"三归""五戒"者。唐宋时期，佛教在我国盛行，道教修行者也自称居士，对中上层知识分子影响很深，所以许多人便以"居士"为号。

石刻瑰宝

大足石刻

■北山摩崖造像

避现实的避难所。

五代到宋代这个时期的宗教形式比较复杂，民众对宗教的态度也开始变化。

五代诸多皇帝如前蜀王建等继续推崇道教，也由于战乱使得许多士大夫隐逸于道教之中，为后来宋代道教的再次繁荣提供了基础。

随着佛教中国化的发展，中国式的派系得到繁荣，他们从另外一个角度来解释佛教，把我国传统的观念纳入佛教之中，并大量著书立说。

同时，伪经的出现也为佛教的中国化创造了经典依据，虽然五代后周世宗灭佛，但并不影响宋代佛教的繁荣。

宋代的佛教已经不像唐代那样诸家并立，此时禅宗独胜，上层士大夫沉迷于谈禅讲道之中，下层民众却多希望往生西方极乐世界，净土宗已经以其独特的优势融入佛教各派之中。

这时的密宗已经呈现民俗化形式，与唐代开元年间的纯密大相径庭，它把显派教义融入其中，形成了后期密教。

随着君主专制集权的加强，封建统治阶级也加强了思想控制，提出"以佛治心，以道治身，以儒治世"，从而奠定了三教大融合的格局。其标志有三：一是新儒学即理学的产生；二是佛教禅宗的建立；三是全真道教的出现。

禅宗 佛教分为九乘佛法，禅宗是教外别传第十乘，禅宗又名佛心宗摄持一切乘，也是汉传佛教最主要的象征之一。汉传佛教宗派多来自于印度，但唯独天台宗、华严宗与禅宗，是由我国独立发展出的3个本土佛教宗派。其中又以禅宗最具独特的性格。其核心思想为："不立文字，教外别传；直指人心，见性成佛。"

■ 大足石刻神像

金代王重阳在山东创全真道教，在教义、教制、教规以及内丹修炼方面，都贯彻了三教合一的思想。教义集中体现在"全真"两字，"个人内修的真功"与"济世利人的真行"，兼备而两全。这是一种高级形式的融合，所以"世以其非儒非释，漫以道教目之"，"若必以为道教，亦道教中之改革派耳"。

因此，"三教合一"是佛教日益中国化之必然历史趋势，而反映在民间文化活动中，大足石刻则是其最突出的最有代表性的典型例证。

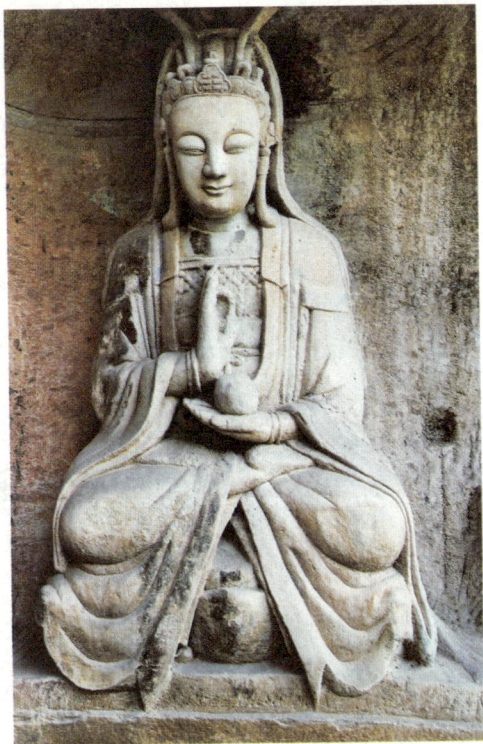
■ 观音造像

道教、儒家与世俗之神占造像的近20%，这是其他地区石窟不能相比的。300多尊20多种观音，占佛经所提出的种种观音名讳的60%还多。

大足石刻的造像题材，充分体现了宗教人间化的进程。题材中有：经变、佛、菩萨、明王、天王、护法神、佛教史迹、瑞相图、道教神系诸神、儒家人物、民间传说诸神、历史人物、供养人、神兽、器物、山水等。

其中观音、地藏、西方净土变、牛王菩萨、七佛、千佛等13种题材是大足石刻从唐至明、清长盛不衰的。92头水牛的造像，更为别处罕见。从这些题材特点可看出宗教神化世界乃是人间世界的幻化，也说

明王 在佛教中指佛的"忿化身"。俗话说：佛都有火，一旦发火就变身。每个佛都有个对应的"忿化身"，如弥勒佛的"忿化身"是大轮明王、大日如来的"忿化身"是中央不动尊明王等。比较有名的有不动明王、降三世明王、大威德明王、金刚夜叉明王等，最为人所乐道的是孔雀明王。

大足石刻水牛造像

明了佛教与当地民俗风情、生产劳动和生活的融合。

　　大足石刻的这种文化现象作为实物例证，反映出在我国文化史上儒、道、佛三家长期以来既斗争，又融合，至宋代时"孔子、老子、释迦牟尼皆至圣""惩恶助善，同归于治，三教皆可通行"的"三教合流"思想占主导地位的局面已经巩固。

阅读链接

　　大足石刻不仅有规模巨大的佛教造像和体系完整的道教造像，还有石窟造像中罕见的纯儒家造像，而且"三教""两教"合一的雕刻也很多。

　　大足石刻在宝顶山、北山等区造像主要为佛教造像，这和佛教，特别是密宗在这一地区的信仰有很大关系。北山造像为唐末开凿，毗沙门天王和千手观音等密教造像一直延续至宋代造像中，可见这一地区的佛教信仰在数百年中都极为兴盛。

韦君靖首开大足石刻

　　重庆大足在758年建县，以其境内有大足川，即后来濑溪河而得名，蕴含"大丰大足"之意，隶属于昌州。大足处在川东和川西地区的交接地带，居成都和重庆两大城市之间，地理位置突显重要。永昌

大足石刻释迦涅槃圣迹图弟子像

■ 大足北山石窟唐代三世佛石刻像

军寨所处位置四周陡峭，深谷环绕，山顶呈2-3级的阶梯形，陡坡多为10-20米高，古时称为台地。

大足石刻中最早的是凿于650年唐初的尖山子摩崖造像，其后200多年间仅新开凿圣水寺摩崖造像一处。这两处初、中唐造像总共不过20龛。直至885年昌州迁治大足后，摩崖造像方渐渐大兴。

唐朝局势震荡之时，陕西扶风人韦君靖在当地召集义军，并组建了一支强大的地方武装，为朝廷立下显赫战功。892年因战功卓越，韦君靖升任昌州刺史及静南军节度使，掌握昌、普、渝、合四州军权。

但此时的两川之间，"江涛未息，云陈犹横"。韦君靖感到兵马虽精，然而城栅未固，在这样的背景与心态下，韦君靖于是在北山修建永昌寨，以保存实

■ 大足石刻造像

力，静观其变。

韦君靖熟读兵书并擅长布阵，他将永昌军寨间的台地布置成迷魂阵。传说他受诸葛亮的八卦阵启发，在永昌取石布成，使军寨内藏玄机，变化万端。

过去，军寨台地内筑有敌楼100余所置于山峰及城堡之上。永昌寨墙与石磴道南侧的岩壁相对呈30度的夹巷，这样的构造在军事古寨中极其罕见，可利用地形对侵入者用滚石檑木攻击。

史料对永昌寨有记载：峥嵘12峰，周围14千米，建敌楼200余所，筑城堡2000余间，粮贮10年，屯兵数万。从地图上看，军寨形如一头展翅的双头鹰，整个寨子由郭家坡到马脑壳2.7千米，边界周长1.5千米，军寨面积3000多平方米。

正是由于永昌军寨的存在，使昌州经济在唐朝末年至宋代居全川前列，无论从经济方面，还是从人文

八卦阵 我国古代军事阵法，按休、生、伤、杜、景、死、惊、开八门。此阵为战国时期孙膑首创，至三国时期，诸葛亮在中间加上了指挥使台，由弓兵和步兵守护，指挥变阵。实际上是一种经过事先针对性训练的，步卒应对马军的手段，八卦一说，则是好事者给简单的军事队列，披上了一层玄妙的外衣。

奇特的石刻

唐明皇（685年~762年），也就是唐玄宗李隆基。他在位时前期注意拨乱反正，任用姚崇、宋璟等贤相，励精图治，他的开元盛世是唐朝的极盛之世，在位后期宠爱杨贵妃，怠慢朝政，宠信奸臣李林甫、杨国忠等，加上政策失误和重用安禄山等佞臣，导致了后来长达八年的安史之乱，为唐朝中衰埋下伏笔。

风范方面都保证了大足石刻的兴盛。

韦君靖在营建"粮贮十年，兵屯数万"永昌寨的同时，首先招募画师工匠，开始在北山凿刻千手观音。因此在大足人的心里，永昌寨主韦君靖是个英雄。

根据唐朝皇帝崇尚佛教的风气、晚唐的战乱和永昌军寨的建筑水平及规模来判断，韦君靖建军寨，是为了给从长安出逃入蜀的皇帝提供"避难所"。

大足石窟中最先映入眼帘的是第一尊大型雕像，名字叫"毗沙门天王"。他身躯硕壮，怒目圆睁，威武逼人，似有力拔千钧之势。

毗沙门天王是佛教中的四大天王之一，随着佛教的东传，被尊为护国天神，相传他有退敌神功。有趣的是这位来自印度的天神，身上竟披着我国古代武将的盔甲。据说，韦君靖造此像有自我比附为唐之毗沙门王之意。

传说，公元742年，安西城被番兵围困，有表请救援。但路途遥远，救兵难到，唐明皇即让不空和尚请北方毗沙门天王神

毗沙门天王 我国藏传佛教与汉传佛教共同推崇的财神护法毗沙门，其名意为多闻，表示其福德之名，闻于四方。在佛教的四天王中，毗沙门为北方的多闻天王，由于其乐善好施，又被称为财宝天王，在藏传佛教中认为他是五方佛中宝生佛的化身，在汉传佛教里，他是观世音菩萨的化身。

兵救援。于是天王金身出现，大放光明，同时有"金鼠"咬断敌军弓弦和铠甲绳，神兵着金甲，击鼓声震150千米，地动山崩，番兵大败。

唐玄宗闻奏大悦，命令诸道节度，所在州府于城西北及营寨并设其像供养。此后，毗沙门天王像被军旅视为保护神，可得"神力"，故永昌寨韦君靖镌刻此像。而在大足石刻中的韦君靖像旁，当时的静南县令胡密留下了一通重要的史碑，即《韦君靖碑》。

《韦君靖碑》立于北山石记得园，记载了唐末政治、社会动乱纷争的状况，以及韦君靖为挽救唐室而修建永昌军寨和开创北山石窟等史实。

据《韦君靖碑》记载其"良工削墨，大匠设规"，前后修建3年多时间，才形成如此非凡的规模，而且出于长远战事考虑，军寨内还备有家田设施。永昌军寨如此大规模地屯兵积粮，绝不仅仅是为

■ 千手观音 又称千手千眼观世音、千眼千臂观世音等，千手观音是阿弥陀佛的左协助，与阿弥陀佛、大势至菩萨合称为"西方三圣"。据佛教典籍记载，千手观音菩萨的千手表示遍护众生，千眼则表示遍观世间。唐代以后，千手观音像在我国许多寺院中渐渐作为主像被供奉起来。

了对付川东和川西的战乱。

处于封建王朝鼎盛时期的唐朝，随着佛教的传入与传播，佛教文化及石刻造像艺术登峰造极。当时，全国上下大兴寺庙，广造佛像，遍地香火不断。唐代帝王信佛已久，虽在衰退之际，即便在南逃途中，也不忘见佛拜佛，见庙烧香。因此，作为南逃安顿之地的大足永昌寨，就必须要有佛像来供皇帝参拜才行。

据史料记载，在开凿北山石窟的第四年，前蜀王王建攻东川，华洪率兵破昌、普、渝三州，韦君靖寨门失守，不知去向。此后由王宗靖取代了韦君靖，担任刺史，继续在北山造像。

但也有另一种说法，说王宗靖其实就是韦君靖，认为韦君靖在王建对东川的进攻中，意图自存，于是归降了王建，成为王建的义子，并改名叫王宗靖，他于唐乾宁三年在北山继续开凿佛像。

在韦君靖首开大足石刻之后，州、县官吏和当地士绅、平民、僧尼等相继效法，907-965年间，四川为蜀国，史称前蜀、后蜀，营造佛像不断，形成大足石刻史上第一个造像高潮。

阅读链接

不管是韦君靖还是王宗靖，都只是拉开了开凿大足石刻的序幕，真正把大足石刻推向极致的，是后来大足县城东北的宝顶摩崖石刻。

965-1077年，摩崖造像停滞，全县未发现一龛当时的纪年造像。1078-1173年的近百年间，大足石刻造像掀起第二个高潮。

1082年，大庄园主严逊舍地开凿石篆山佛、道、儒"三教"造像区起，县境内摩崖造像此起彼伏，先后开凿出佛教、道教和"三教"造像区32处。南山、石门山造像区和北山多宝塔均于此间建成。而韦君靖首开的892年的北山造像区，历时250多年，才于1146年终于建成。

大足石刻的丰富文化内涵

　　以北山、宝顶山、南山、石篆山、石门山摩崖造像为代表的大足石刻五山摩崖造像，是我国石窟艺术重要的组成部分，也是世界石窟艺术中壮丽辉煌的一页。

　　大足石刻造像共计1030龛，5万余尊，内容以佛教为主，道教次

大足石窟淑明皇后石刻像

奇特的石刻

■ 北山石窟十三观音变石刻像

之，余为佛道合一、佛道儒三教合一、历史人物、供养人，又名功德主等造像。碑文、颂偈、题记10万余字。雕刻类别主要是高、浅浮雕，少数圆雕，极个别阴线刻。

五山石刻自古以来就是名胜之地，其中北山、宝顶山更是游客览胜、信众朝山进香、僧侣说法传经的集中地。

北山，古名龙岗山，在大足县城龙岗镇北。北山石刻位于山巅，俗称佛湾，开凿于892年至1162年。造像崖长300米。北山石刻龛窟密如蜂房，分为南、北两段，造像264龛窟，阴刻图1幅，经幢8座。

北山石刻造像近万尊，主要为世俗祈佛出资雕刻，有造像题材51种，以佛教密宗为主，约占总数二分之一以上。其次有三阶教、净土宗等。这些造像题材在当时民间是佛教世俗化的产物。

北山石刻造像以雕刻细腻、艺精技绝、精美典雅而著称于世，展示了9世纪末至12世纪中叶我国民间佛教信仰及石窟艺术风格的发展和变化。

9世纪末的晚唐造像题材有12种类型，以观音、地藏合龛和阿弥陀佛胁侍观音、地藏居多。造像端庄丰满，气质浑厚，衣纹细密，薄衣贴体，具有盛唐遗风。

北山石刻观无量寿佛经变相内容丰富，层次分明，造物造像539尊，各种器物460余件，保存了多方面的形象史料，在我国石窟同类题材造像中首屈一指。

北山石刻中10世纪后期至12世纪中叶的宋代造像题材广泛，达21种，尤其以观音最为突出。

这一时期的作品更加贴近生活，体现了宋代人们的审美情趣。造像具有人物个性鲜明、体态优美、比例匀称、服饰艳丽等特点。

南山，古名广华山，位于大足县城龙岗镇南。造像开凿于1131年

■ 大足石刻佛像

三清 道教用语。总称谓是"虚无自然大罗三清三境三宝天尊"，指道教所尊的玉清、上清、太清三清境。也指居于三清仙境的三位尊神，即玉清元始天尊、上清灵宝天尊、太清道德天尊即太上老君。玉清境、上清境、太清境是所居仙境的区别，而天尊的意思则是说，极道之尊，至尊至极，故名天尊。

至1162年间，崖面长80多米，其中造像5龛窟，主要有三清古洞、后土圣母龛、龙洞、真武大帝龛等道教题材。

在大足石刻中，11–13世纪的道教石刻，是我国道教石窟造像最多、最集中、反映神仙系统最完整的。保存完好者有5处，以南山为著。

南山三清古洞共刻像421尊，以道教最高神"三清"为主，配刻以"四御"及圣母、王母等群神，生动地反映了12世纪道教已由早期老君、"三官"崇拜演变为神系和神阶明确的"三清""四御"信仰的历史事实。

在我国宋代道教石窟中，南山石窟的雕刻最为精美，就内容而言，是最完备而又系统地反映宋代道教的实物资料，有着极高的宗教、历史、艺术价值。

南山有碑刻题记28通，其中1250年的何光震饯郡王梦应记碑，记载了13世纪中叶四川东部遭蒙古军攻掠后的社会政治历史的基本情况，保存了许多珍贵的第一手史料，具有"以碑证史""以碑补史""以碑断代"的重要价值。其余碑刻题记，多属上乘作品。

石篆山位于大足县城龙岗镇西南。造像开凿于1082年至1090年，崖面长约130米。

石篆山石刻是典型的佛、道、儒"三教"合一造像区，在石窟中非常罕见。其中，孔子龛正壁刻我国大思想家、儒家创始人孔子坐像，两侧壁刻孔子最著名的十大弟子。这在石窟造像中，实属凤毛麟角。

三身佛龛中的老君龛，正中凿我国道家创始人老子坐像，左右各立7尊真人、法师像。据造像记得知，以上3龛造像均为大庄园主严逊出资开凿，同时为当时著名的雕刻匠师文唯简等所雕造。

石门山位于大足县城龙岗镇东的石马镇新胜村。造像开凿于1094年至1151年，崖面全长70多米。其中造像12龛窟。此外，尚存造像记20件，碑碣、题刻8件，培修记6件及文唯一、文居道、蹇忠进等工匠师镌名。

石门山石刻是以佛教、道教合一造像区，尤以道教造像最具特色。如玉皇大帝龛外的千里眼像，眼如铜铃，似能目及千里，顺风耳面貌丑怪，张耳作细听状。两像肌肉丰健，版图筋脉显露，手法夸张。

独脚五通大帝左脚独立于一风火轮上，宽广的额头，深邃的眼神，口阔唇厚，袍带飞扬，有来去如风之势。三皇洞现存造

019

石刻瑰宝

大足石刻

■ 大足石窟十王侍臣刻像

药师佛 又称药师如来、药师琉璃光王如来、大医王佛、医王善逝、十二愿王。为东方净琉璃世界之教主。药师佛面相慈善，仪态庄严，身呈蓝色，乌发肉髻，双耳垂肩，身穿佛衣，坦胸露右臂，右手膝前执尊胜诃子果枝，左手脐前捧佛钵，双足跏趺于莲花宝座中央。身后有光环、祥云、远山。

■ 重庆大足石刻像

像35尊，儒雅清秀，衣纹折叠舒展，手法写实，人味多于神味。

东岳大帝宝忏变相龛刻像98尊，以东岳大帝、淑明皇后居中，反映出宋代，即10世纪至13世纪东岳世家在道教神系中的突出地位。

佛教题材主要有药师佛龛、水月观音龛、释迦牟尼佛龛、十圣观音窟、孔雀明王经变窟、诃利帝母龛等。其中尤以十圣观音窟最为精美。

石门山石窟，刻于宋代，位于大足县城东石马镇新胜村石门山巅，因其山两巨石夹峙如门故名。其沿岩造像，共13龛窟，或仙或释、或诸鬼神、居于一区，皆玲珑万状，鬼斧神工，精妙绝伦。

妙高山石刻位于大足县城西南偏南方，始建于1144年。"三教"造像区，孔子、释迦牟尼、老君共一窟，造像1000多尊。

妙高山上有妙高寺，寺内存祖关通禅师石塔一座和已毁冯楫《忠诚堂诗碑》一通。寺外的石岩下，有石窟造像两处：一处称佛洞，另一处称猫猫岩，共有造像12窟。

佛洞"三教"窟，释迦牟尼佛坐莲台，下雕蟠龙，两旁有迦叶、阿难两夹侍，为佛像。左壁坐像，博衣阔袖，足着靴，高合髭须，执笏，两伺者为道像。右壁坐像，圆顶，大袖，戴冕垂流，执笏，左右各一侍者，为儒像。这种典型的三教窟，在大足少见，在全国更珍贵。

从妙高寺的一些记述中可知这是一处衰败的宗教胜迹：妙高寺，蜀之古刹。溯其源，自祖关通禅师开辟，已有数百年。

元妙凯，苏姓，泸州刺史，弃官遁空门，建寺于大足妙高山顶，人呼为妙高祖师。圆寂后，肉身不坏。其实，妙高寺经宋元代不断修建，至元朝时期已成大寺，据专家考证，此山为宋宰相冯楫所开。

贵阳的致仕官韩均"驾凤鞭庭，历鉴无际，收天下奇观"神游至山，连连称奇，慨然叹称："不看此山，失却此景太可惜了。当皇帝也不过普天之下莫非王土而已，尊威而已，哪有释迦牟尼、祖师一类的人

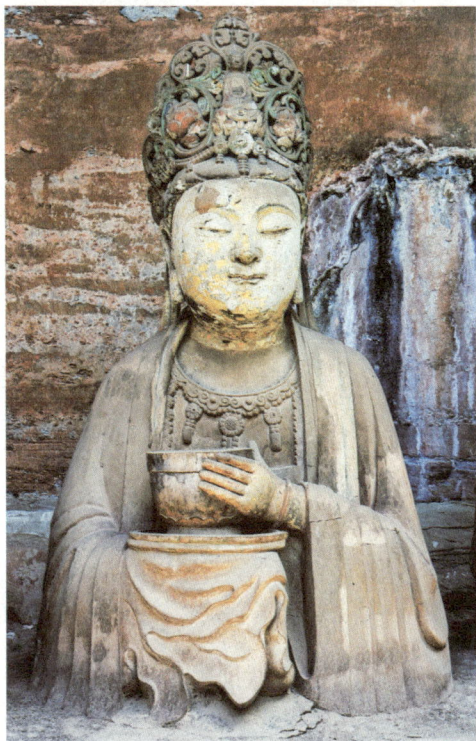
■ 大足石刻佛像

五通大帝 又叫五圣大帝、五显大帝、华光菩萨等，在客家民俗中，他是由神到人，又由人到神的神灵。传说玉皇大帝封其为"玉封佛中上善王显头官大帝"，并永镇中界，从此万民景仰，求男生男，求女得女，经商者外出获利，读书者金榜题名，农耕者五谷丰登，有求必应。

能相共一堂，得到世代人的尊敬好呢。只要奉佛顿悟，彼此相安，又何必要去当什么玉帝呢？"

于是，他慷慨解囊，"捐金数百，复铸铜像，延于此山，乃捐已俸，购地数文，聚财数千，鸠工数百，委长老持全以统众工，权山传本以分众行。至于经营庶事，经理百为，又各因能受任，器使咸宜，建阁于山之巅"。

尖山子石刻位于大足县宝山乡建角村。始建于650年，是大足石刻中凿造年代最久远的石刻，也是川东已知最早的石刻。属于佛教造像，造像158尊。岩壁上刻有栩栩如生的释迦牟尼说法龛、力士龛、阿弥陀佛龛、观音龛、弥勒说法龛等。

舒成岩，古名云从岩，又名半边庙，位于大足县城北偏西的中敖镇。凿造于1143年至1153年间，属于道教造像，造像共计426尊。

千佛岩石刻因为有千尊佛像而得名。千佛岩距石篆山石刻不远，明代造像，岩面刻有金光佛龛，内有12金光佛、"忍"字碑、地藏像和"不空绢索观音""西方三圣像""八佛像龛""观无量寿佛经变像"。

阅读链接

冯楫，字济川，遂州小溪人，号不动居士。仕致敷文阁直学士、左中奉大夫。冯楫敢于抗疏为民，官声好，常积善德，曾于大足北山施钱造多宝塔。

之后，祖关通禅师又弃泸州刺史之职来山，他带着昔日威望，虽足不出户，仍食邑广聚，就连贵阳的致仕官韩均，倚祖宗的武德，得太祖重视，世袭为官，爵千兵，仍然没有忘记前往拜望。

冯楫从沙南、泸州当官而来，妙凯祖师也从泸州卸任刺史而来，韩均的官做得不顺利游览而来，三位大员先后走上了同一座山，于是妙高山沸腾起来了。

大足石刻蕴藏神奇传说

大足石刻除宝顶山道场为主持僧人募化集资开凿外，大多数是信众捐资求神灵保佑而镌造，并刻像入龛。这样挤入神龛之历史人物，供养人在大足石刻中大约有1000人。

大足石刻的众多造像有很多神奇的传说故事，如媚态观音、九龙浴太子、鲁班仓的传说等，都各自有它的迷人之处。

■大足宝顶石窟刻像

■ 大足石刻观音像

石匠 可以采集石料，更可以将石料加工成产品。石匠是历史传承时间最长最久的职业，从古石器时代的简单打磨石头到现代的石雕工艺和艺术的完美结合，都离不开一代代石匠们的贡献，石匠对中国的数千历史文化起到了功不可没的作用。

　　在大足石刻北山的数珠手观音石像，被称为"媚态观音"。她身高不过1米，头戴宝冠，脚踏莲花，体态轻盈，仿佛随风欲动，眼角嘴角含颦欲笑而又略略带羞，给世人留下深刻的印象。关于这一尊石刻，有一个非常美丽的故事，让后人为之动情。

　　传说，宋代有位老石匠想在北山雕一尊数珠手观音的女神像，可他设计了许多小样，都感到不满意。一天傍晚，他坐到小溪边洗脚，忽然身后传来一阵少女的笑声："瞧您的裤角都湿了。"

　　老石匠回头一看，原来是一位十三四岁的牧羊小姑娘。她那善良的心地和妩媚的样子，一下子激发了老石匠的灵感。

　　老石匠忘却了劳累，重返山上，披星戴月，鬼斧神工，照小姑娘的神态将这尊人情味极浓的女神石像一气呵成。

按佛教经文定名，这一石像应叫数珠手观音，但她一问世，立时名震北山，后人钦羡她的美貌，便给她起了个绰号叫"媚态观音"。

宝顶大佛湾有一尊石刻。刻太子裸坐于浴盆中，顶上石雕九龙，正中巨龙口吐泉水淋浴太子。这就是九龙浴太子的传说。

传说净饭王之妻摩耶夫人身怀有孕，出游兰毗尼园中，手攀树枝，太子悉达多从其右腋下降生。

太子降生即能够行走7米，步步生莲，并一手指天，一手指地说："天上地下，唯我独尊。"时有9条神龙飞至太子头顶，口吐香水，为太子洗浴，诸天护俱来守护。石代匠师巧妙地利用了自然形势，疏导岩上堰塘之水，结合佛经故事而创造出这一组石雕，龙口潺潺流水，终年不止，给人以新奇之感。

大足当地还流传着"鲁班仓"的故事：

相传大足宝鼎山上原先有48座庙宇，一座连一座，覆盖了一大片山林。每天傍晚，僧人都要骑着马依次关闭各庙的山门。这些庙里的僧人多达上万。他们在这里诵经礼佛，四面的信众常到各庙烧香还愿，一时间香火鼎盛。

悉达多 即佛教中的佛祖释迦牟尼，姓乔答摩，出生于古印度的迦毗罗卫城，生活在公元前566至公元前486年。后在菩提树下成佛。照佛教的解释，佛不是神，是"觉者"，即觉悟了的人。释迦牟尼佛本来就是人，他名悉达多。"悉达多"的意思就是"目的达到的人"。

025

石刻瑰宝

大足石刻

■ 九龙浴太子石刻

■ 大足石窟刻像

鲁班 姓公输，名班。又称公输子、公输盘、班输、鲁般。"般"和"班"同音，古时通用，故人们常称他为鲁班。生活在春秋末期到战国初期，出身于世代工匠的家庭，是我国古代的一位出色的发明家，两千多年以来，他的名字和有关他的故事，一直在广大人民群众中流传。我国的土木工匠们都尊称他为祖师。

可是这盛况没维持多久，因为寺庙占了种庄稼的田土，就地供应粮食成了大问题。每天都要派年轻力壮的小和尚到山下各乡镇去担粮食，来回好几十里路程，是个苦差事。许多僧人受不了苦就偷偷地出走。有的还俗，有的投奔别的寺庙。那些地处高山的寺庙留下的僧人就更少了。

这件事让方丈很苦恼。当时正在宝鼎山主持修建工程的鲁班师傅得知此情况也十分忧虑。鲁班不光技艺超群，更有一副菩萨心肠。有一天，他向方丈表示："粮食的问题，我来解决。我保证每天供应各寺庙所需口粮，满足各位僧人和礼佛居士的斋饭。以3年为期。在此期间，庙里僧人要学会开荒种地，3年以后，要自给自足。"

方丈满口答应："不知师傅如何供应粮食？"

鲁班说："我连夜在宝鼎山大佛湾的南岩建一座大石仓。此仓开有一小洞口，每天天亮以前，从这小洞口流出大米，每天吃多少，流多少。明天凌晨就开始流出大米，只管派人来运米。"

从此，每天半夜，负责伙食的大和尚，带着几个小和尚，挑着10个大箩筐，一字排开，摆在鲁班仓小洞口前接米。到一定时候，停止流出大米。担回去全寺庙刚够吃一天，一粒不多，一粒不少。这件事一传十，十传百，四面八方的僧人们又陆续回到宝鼎山。宝鼎山各庙香火又旺起来了。

不知不觉过了3个月不忧口粮的好日子。可是伙房挑米的小和尚有些不耐烦了。他说要是一次多流些米出来，多管几天，也省事，这样每天半夜来挑粮食太束缚人，便把这些想法告诉了管伙食的大和尚。

这大和尚一听却生出另外的想法来。他想，要是把洞口开大，流量增加，一个晚上能多流些大米出来，吃不完的可以存起来，还可以拿到集市上换现钱花，越想越开心。

想罢，立即带上几个身强力壮的小和尚，带上大锤、錾子，来到鲁班仓，把原先流米的小洞口凿成了一个斗大的窟窿。当天深夜，这大和尚派了比平时多一倍的小和尚挑着几十个大箩筐到鲁班仓接米，可是等到大天亮，一粒米也没有流出来。他们慌了神，便搭上竹梯，爬进仓口去摸，哪有什么大米，只有些碎石渣了。他们忙将这事告诉了鲁班，请他再想办法。

鲁班深深地叹了一口气说道："我开这个米仓，原来是为了一桩心愿。有一位大财主，家财万贯，粮食堆积如山。可是膝下无子，想做善事积德，希望上天能赐给他们夫妇一个儿子。我这石仓的通道就直接连着那财主家的大粮仓。我精心计算之后，才留下这个小洞口。

宝鼎山石刻

石刻瑰宝

大足石刻

■ 大足石窟刻像

这样细水长流3年后，功德自然圆满，而各寺庙开荒种地也有了基础。如今成了这种结果，是我没有预料到的，现在已无计可施，看来这就是天意难违了！"

僧人们得知鲁班仓再也不能流出大米，于是，今天一个，明天一个，又陆续离开了寺庙。宝鼎山的香火也就逐渐暗淡下来。最后只剩下圣寿寺一处了。这真是：

鲁班礼佛建米仓，贪心和尚太荒唐。
铸就大错后悔迟，留与今人慢思量。

大足佛湾有一处佛窟颇有些特殊：中壁的佛、菩萨已残缺；南、北壁密密麻麻刻满拳头大小的五百罗汉像；窟内当眼的地方，隆起一座坟墓，墓前有碑文，题为"西域禅师坐脱记"。它记载了一个来自西域的和尚游历大足的情况。

明神宗万历元年夏天，一个高鼻深目、碧眼虬髯的西域和尚，万里云游，路过大足，被境内的名山古刹和石刻造像迷住了。最初他想在县内逗留几天，待遍历禅林之后，再继续赶路。

哪知大足寺庙特别多，从夏天游至秋天，竟未游完，甚至没登上宝顶。直至仲冬季节，西域禅师才得抽身上宝顶。一路上鸣禽引路，猿猴献果。但见农舍依山建，又疑古柏傍云栽。

西域禅师上了宝顶山，进圣寿寺朝拜毕，然后走进了"三千诸佛云中现，百万神仙海上来"的大佛湾，他惊讶得张大了嘴巴，唯有频频参拜，以示崇敬。他决定不下山了，就在宝顶挂单。

他爱宝顶山的清幽，常选游人罕至之处，于青草地上结跏趺坐——学佛教始祖释迦牟尼冥思苦索，想在宝顶山悟道成佛。

遗憾得很，这位西域禅师不懂汉语，无法与他人交谈，山中人见他深目高鼻，胡貌梵相，行为诡异，在好奇心的驱使下，不免要去打扰他。最初只是一两人远远地打探，后来便三五成群地围观。在山里人心目中，他是个行为古怪的"外国人"。禅师受到干扰，无法修道，于是起身挥手，口中发出"伊呜"之声，示意围观者散开。山里人不懂他的话，报之一笑。这更激恼了他，起而怒斥。人们见他脸色不好，才知他已生气。

有一天，一个带着几分醉意的樵夫碰到在青草地上盘腿打坐的西域禅师，便停下脚步，好奇地打量。禅师照例呵斥，并挥手示意，叫他走开。

樵夫仗着酒兴，偏偏不走。禅师发怒了，气势汹汹要打人。樵夫抓住禅师衣带，禅师往后一退，衣带被樵夫抓在手里。禅师索要，樵夫不肯，竟自扬长而去。

禅师失去衣带以后，十分懊恼，不愿再逗留，于是下山，住在报恩寺内。两月以后，死于大足。

他的死因是什么？按碑文记载，是樵夫掠去衣带引

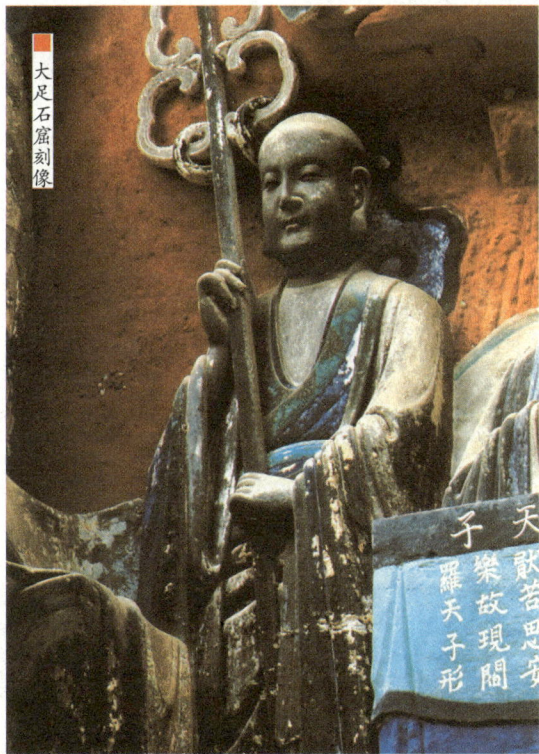

大足石窟刻像

起。衣带中带着一种西域特产的石头，用它泡开水，喝了就不饿；那石头就是他旅途中的口粮。口粮被掠去，他也不想再活了，于是决定圆寂。

实际上，西域禅师是个苦行僧，他看准了大足这个地方，决定在宝顶圆寂，企求得到解脱，跳出所谓"六道轮回"。他穿的僧衣和托着的钵盂，可能是师父传给他的衣钵，远比生命贵重。

樵夫掠去衣带，致使他成天怏怏不乐。离开宝顶山之后，他有意识地进一步作践自己的身体，希望早登"极乐世界"。碑中说他"绝火食，有欲设供者，唯受枣、栗、葡萄，或米、面升许"。两月后，终于自我摧残而死。

在他圆寂之前，曾有一天，他同报恩寺了智和尚和居士冯德浩一道"登北山，礼浮图、绕佛湾，低回者弥日，步观全邑山川，指天画地做欣喜状，更指岩头废像，愀然不乐，做忏悔状"。

禅师圆寂后，因生前喜欢北山，僧人了智等就把他葬在北山佛湾。西域禅师也成为最早游历大足的外宾。

阅读链接

在重庆大足北山佛湾第103窟的内壁正中，有一块范祖禹撰文、蔡京书写并篆额的石碑，叫《赵懿简公神道碑》，俗称《蔡京碑》。

蔡京写得一手好字，与当时的苏轼、黄庭坚、米芾，同被列为宋代四大书法家。蔡京的书法严谨而不拘泥，飘逸而不乱规矩法则。蔡京为人可鄙，但他的书法艺术后人还是客观公正地予以评价，称他是宋代四大书法家之一。因而《蔡京碑》一直被人们视为难得的书法珍品。

清末大足县贩卖碑帖商人马瞎子，每年拓《蔡京碑》不下千本，转售外地。为使孤本卖高价，每拓一次，即毁部分字迹，致使此碑字迹残缺甚多，实在是一件千古憾事。

乐山大佛

乐山大佛开凿于713年，是海通和尚为减杀水势，普度众生而发起，招集人力，募捐物力修凿的。海通死后，海通的弟子接手修筑，直至803年完工，历时90年，被人誉为"山是一尊佛，佛是一座山"。

乐山大佛头与山齐，足踏大江，双手抚膝，大佛体态匀称，神势肃穆，依山凿成，临江危坐。大佛通高71米，从膝盖到脚背28米，脚背宽8.5米，脚面可围坐百人以上，是真正意义上的"世界第一大佛"。

海通发宏愿修造大佛

奇特的石刻

　　乐山位于四川省，远在3000多年前的巴蜀时代，曾是蜀王开明部族的故都。公元前4世纪秦灭巴蜀，乐山隶属于蜀郡，因在成都的南面，故定名南安。

　　汉朝时期，南安隶属于犍为郡。南北朝时期，因战乱不断，乐山地

乐山大佛山门

■ 乐山风景

区的建制屡有变迁，北周置嘉州，取"郡土嘉美"之意。隋朝时，设置眉山郡，原南安县改名龙游县，传说隋朝军队从成都乘船向乐山进军追击陈国兵败时，岷江中有游龙导航，帮助隋朝军队统一天下，因此改南安为龙游。

唐朝时，又恢复嘉州和眉州。乐山大佛就是这时修建的。据唐代韦皋《嘉州凌云大佛像记》和明代彭汝实《重修凌云寺记》等书记载，乐山大佛开凿的发起人是海通和尚。

在我国民间，还一直流传着一个海通建佛镇妖龙的故事。

早在唐朝的时候，贵州有个和尚，法名海通，是一位博学多才的高僧。他云游四海，发愿要为百姓做善事。

这年夏天，海通来到四川嘉州，不久他便听说嘉

韦皋 字城武，因助唐德宗还都有功，被升为左金吾卫将军，迁大将军，又在贞元初任剑南西川节度使，成为封疆大吏。韦皋在蜀地21年，共击破吐蕃军队48万，不但将蜀地治理得很好，而且辅佐太子登上皇位，最后得封南康郡王。

州府城东凌云山下江水汹涌、波浪滔天，常常掀翻船只，危害生灵。

一天，海通想亲自去查看一下，便攀着岩壁来到凌云山脚。忽见一个激浪打在岩上，浪头退去后，一个壮年汉子躺在水边，左手拿钻，右手拿锤，一动不动。

海通和尚忙上前，把汉子背到岸上，忙活了好一阵，那个汉子才慢慢苏醒过来。海通和尚询问起事情的缘由。

原来，那汉子名叫石青，是个石匠，他见凌云山下水势凶猛，来往船只常常翻沉，许多船工兄弟白白地送了性命，心里实在不忍，便决心在石壁上凿一路篙眼，好让船工们的竹篙插在篙眼中，撑住木船不碰在石壁上。不料刚打了几下，一个恶浪扑来，他就什么也不知道了。

石青的行为感动了海通。第二天，海通和石青相约又登上凌云山察

奇特的石刻

看，他们站在百丈悬崖上，只见下面滩险水恶，江涛汹涌澎湃，如万马奔腾，直向峭壁冲来，发出惊天动地的响声。

这时，正有一只木船顺江而下。突然，那船就像离弦的箭飞奔而来，眼看靠近岩石，这时，水中猛地出现一个怪物，掀起一股黑浪，把木船吞没了。

海通一迭连声地口念"阿弥陀佛"，石青怒不可遏，苦于没有降妖的法力。

海通说道："不如在这山岩上凿一尊弥勒大佛，一来借佛祖法力收妖镇怪，二来也可减弱水势，保护行船。"

石青听了连连点头。于是，石青就在凌云山上打了个石洞，让海通和尚在洞内居住下来。

乐山风光

■ 四川乐山大佛

刺史 为古代职官，汉初，文帝以御史多失职，命丞相另派人员出刺各地，不常置。公元前106年汉武帝始置。"刺"，检核问事之意。刺史巡行郡县，分全国为十三部，各置部刺史一人，后通称刺史。刺史制度在西汉中后期得到进一步发展，对维护皇权，澄清吏治，促使昭宣中兴局面的形成起着积极的作用。

海通和石青一面察看水势，一面测量地形，分头准备雕刻大佛的事。海通和尚翻山越岭，行船过水，到江淮一带募化资金。

石青在嘉州城乡物色能工巧匠，打造工具。经过了3年的准备，718年便开始动工了。

海通和石青修大佛的事，一传十，十传百，很快就传了开去，方圆数十里的百姓，出力的出力，出钱的出钱，都纷纷前来相助。

一时间，凌云山上，千人挥臂，万人呐喊，闹腾起来。从山岩上打下的石头，像下雨一样轰隆隆地掉进河里，激起无数浪花。

谁知，滚滚而下的巨石惊动了江底的那条妖龙，它是李冰当年修都江堰时，用铁链锁在江底的一条孽龙，因铁链年久锈坏，孽龙挣脱枷锁，逃到凌云山下，兴风作浪，为害人间。

这孽龙见山上滚下许多石头，堵住了洞口，赶忙施起妖法，掀起狂风恶浪，把海通和尚卷入洞中。

石青见妖龙卷走了海通和尚，急忙带领众石匠，拿着铁钎、钻子、铁锤等工具下去寻找。不一会儿，找到了石洞，石青领头杀了进去，只见孽龙支使一群小妖正要将海通押向油锅。

石青大喊一声道："哪里来的妖龙，胆敢伤我法师！”随即带领众石匠冲了过去，将孽龙团团围住。孽龙见寡不敌众，只得逃下了江底。

工匠们又继续凿岩刻佛。可是没多久，平地忽然狂风不止，飞沙走石，天昏地暗，暴雨倾盆而下，接连下了七七四十九天，凌云山上洪水暴发，一股股山洪直冲大佛头顶。海通和尚发愁了，这样大的洪水，即使是铜铸铁造的佛像也会冲坏的。

石青眉头一皱，计上心来，忙安慰海通说：“师父不要担忧，我自有办法。”他和众石匠商量，决定在大佛头上、身上修凿排水沟排水泄流。

只见石青腰系绳索，冒着生命危险，悬空凿石。狂风和洪水一次又一次地将石青冲得悬空吊在半岩上，他一次又一次攀着绳索爬了上去。石青和众工匠们舍生忘死，坚持不懈，终于凿成了排水沟，消除了洪水的冲蚀。

这时，嘉州新任了一个刺史，爱财如命。他打听到海通和尚募化了许多银子，就带着一群衙役来到凌云山上，气势汹汹地对海通说：“大胆的和尚，你未经官府许可，私自动工兴修大佛，该当何罪？来人，把他给我锁走。”

李冰 战国时代著名的水利工程专家。被秦昭王任为蜀郡太守。其间，他征发民工在岷江流域兴办许多水利工程，其中以他和其子一同主持修建的都江堰水利工程最为著名。2200多年来，该工程为成都平原成为天府之国奠定了坚实的基础。

■ 乐山大佛景区石壁

沙弥 原语出自我国古代龟兹语。意译为求寂、息慈、勤策，即止恶行慈，觅求圆寂的意思。在佛教僧团中，指已受十戒，未受具足戒，年龄在7岁以上、未满20岁时出家的男子。

几个衙役冲过去就要动手，石青冲到海通和尚前面，伸手挡住了衙役们，他说："修大佛是为了镇妖降魔，减弱水势，解除灾害，有什么罪过？你们要锁就锁我吧！"

海通忙对石青说："工地上没你不行，天大的事我来承担。"

那贪官见大家义愤填膺，便装模作样地说："和尚听着，本官念你是个出家之人，可免你牢狱之苦。不过，你等破坏我嘉州风水，得拿出白银3万两赔偿。"

海通一听这贪官原是来敲竹杠的，顿时胸中升起一股怒火，他说道："这银子来自千千万万的善男信女，我海通怎敢动用半文，自目可剜，佛财难得！"

贪官以为海通是说话来吓人的，就说："那就把你的眼睛剜出来给本官看看。"

海通听了，淡然一笑，不慌不忙地将双指插入自己的眼睛，两颗眼珠落入了手中的盘子里。海通端着盘子，直向面前的贪官走去，边

■ 海通之像

自目可剜佛财难得

海通禅师贵州人
乐山大佛始创者

走边说："拿去吧！"

贪官和那些狐群狗党见海通和尚竟然毫不动容地剜下了自己的眼睛，一个个吓得目瞪口呆，灰溜溜地逃回去了。

海通虽然失掉了两只眼睛，但刻佛的意志毫不动摇，对修建大佛更加关心。他常常拄着拐杖，由小沙弥扶着，来到工地，陪伴石匠们干活。大家见了，感动不已，含着眼泪劝他回去休息，海通执意不肯，说："我虽不能看着大佛建成，也要听着你们把大佛建成啊！"

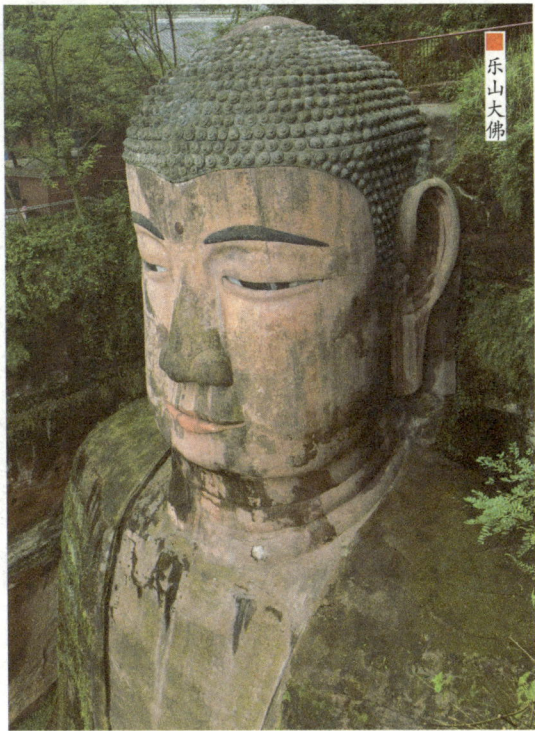

然而，海通生前并没有实现自己的宏愿，不几年，他就圆寂归天了。以后，石青等老石匠也相继去世了。

50年以后，西川节度使韦皋继承了海通和石青的事业，组织人力物力继续开凿，直至803年，整整花了90年，才修凿完工。

后来，人们为了纪念海通，就把他当年住过的山洞叫作"海师洞"。直至现在，洞内还有一个盘膝而坐、神情坚毅、手托盛眼珠的玉盘的海通塑像。

传说毕竟是传说。其实，乐山大佛的产生，是佛教在这一地区早期出现和长期盛行的结果。

进入唐代，佛教在道佛并重的政策下得到了发展，武后时达到了顶峰。这为乐山大佛的产生创造了非常有利的条件。武后推行的是"佛

乐山大佛

奇特的石刻

教宜在道法之上，细眼处于黄冠之前"的政策，在全国大兴寺庙。

　　武后的崇佛、扬佛、兴佛，使佛教在我国的发展进入了鼎盛时期。佛教的盛行，直接影响着佛教造像的产生，正是在此之后不久，乐山境内相继产生了与乐山大佛时代相近的夹江千佛崖、五通麻王洞、乐山龙私寺等摩崖石刻造像。

　　至开元初年，乐山大佛便在佛教文化发展到顶峰、佛教造像异常活跃的大气候中产生了。

阅读链接

　　从目前考古发现得知，佛教在乐山这一地区的最早出现时间是在东汉。比如乐山东汉崖墓的麻浩一号墓和柿子湾一号墓内，均刻有佛像图，且居于墓的主要位置，即门的上方。

　　按东汉时"视死如生"的观念，就是要把生前的一切带到死后，由此可知当时佛教在意识形态领域中占有重要的位置。

　　至隋朝，隋文帝、隋炀帝等大兴佛法，这对该地区佛教的发展起到了一定的作用。

章仇兼琼韦皋完成大佛

在海通大师圆寂之后，乐山大佛修建工程一度中断，大约过了10年，剑南西川节度使章仇兼琼捐赠俸金，海通的徒弟领着工匠继续修造大佛，由于工程浩大，朝廷下令赐麻盐税款，使工程进展迅速。

当乐山大佛修到膝盖的时候，续建者章仇兼琼迁任户部尚书，工

乐山大佛右侧的九曲古栈道

章仇兼琼 生卒年月不详，约生于唐武后末期，卒年在天宝末年。唐玄宗时期任剑南节度使，在四川八年，政绩较著。他较好地处理了与吐蕃、南诏的关系，他大力兴建水利，他与知识分子关系也不错。在乐山大佛建造者海通禅师去世后，拿出自己的官俸支持了乐山大佛的续建，直至调任，后世蜀人很怀念他。

■ 乐山大佛

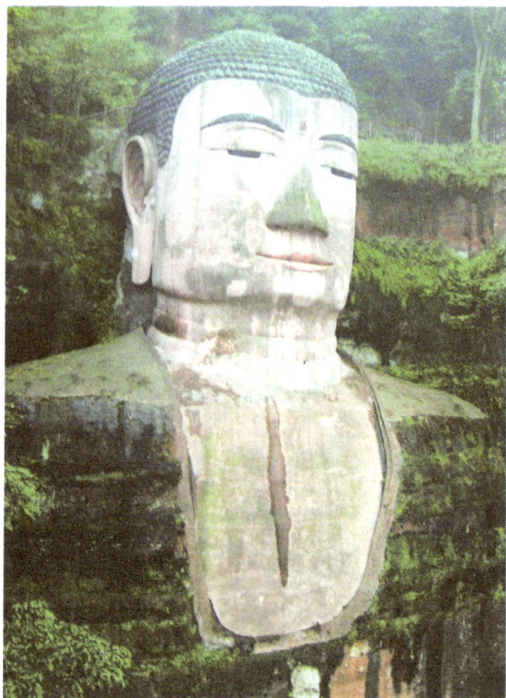

程再次停了下来。又过了40年后，剑南西川节度使韦皋再次捐赠自己的俸金，并率人继续修建乐山大佛。韦皋始撰《嘉州凌云大佛像记》的碑就在大佛右侧临江峭壁上，上面载录了开凿大佛的始末。

乐山大佛开凿前后历时90余年，713年始，至803年止，中间经历唐玄宗、唐肃宗、唐代宗、唐德宗四朝皇帝，换了海通、章仇兼琼、韦皋三届主持人。

三届主持人中除海通为民间僧人外，章仇兼琼与韦皋均是地方行政长官。章仇兼琼为剑南道团练副使和剑南节度使，韦皋为剑南西川节度使和南康郡王。因此，其实乐山大佛大部分工程是在地方政府的组织下完成的。

713-730年是海通主持修建乐山大佛的18年，其中策划与筹措资金耗时约10年，实际用于开凿的时间仅8年，他便积劳成疾病逝，《大佛像记》记载其"全身未毕，禅师去世"。

海通只开凿成形了大佛的头部至胸部工程便去世，其余大部分工程是章仇兼琼与韦皋主持完成的，特别是主持收尾工程的韦皋。

章仇兼琼大约用了7年时间主持了大佛胸至膝部的工程，而韦皋却主持了"莲花座上及于膝"工程，大佛"丹彩以章""金宝以严"的通体上色工程，"像设以俱"的九曲栈道工程，"万龛灯焰"的佛窟其余小佛及韦驮护法神工程，还有尤为艰巨复杂的大像阁工程等，耗时15年。

也就是说，整个大佛修造工程，除去筹措资金及中途受"安史之乱""藩镇割据"影响的停工时间，实际用于开凿大佛的30余年时间，地方政府便主持开凿了22年，承担了近四分之三的工程量。

在工程资金的筹措形式上，海通仅靠十方檀越支持的民间募资形式，资金筹措量及后劲支持非常小，而后章仇兼琼与韦皋两人虽曾慷慨解囊，章仇兼琼"持俸钱20万以济经费"，韦皋"以俸钱50万佐其经费"。但实际上在两人主持大佛工程的过程中，大部分工程款动用的是地方财政的税收资金。这样在修造资金上就有了根本的保证，这恐怕是大佛工程得以胜利完工的主要原因。

整个大佛工程的完工，既凝聚了几代主持人的心血，也凝聚了广大工匠们的智慧和汗水，同时和当时统治者的倡导及国力、财力的支持分不开的。

乐山大佛最早的名称产生于大佛尚未完工的唐贞元十五年之前。

■ 乐山大佛脚趾

韦驮 又名韦驮天，本是婆罗门的天神，后来被佛教吸收为护法诸天之一。在我国寺院通常将之安置在天王大殿弥勒菩萨之后，面对着释迦牟尼佛像。世传佛陀涅槃时，罗刹鬼盗取佛牙一双，韦驮天乃急追取还。其身着甲胄、合掌、腕捧宝剑。于我国自唐初之道宣律师感得其像后，各处之伽蓝均设有其神像。

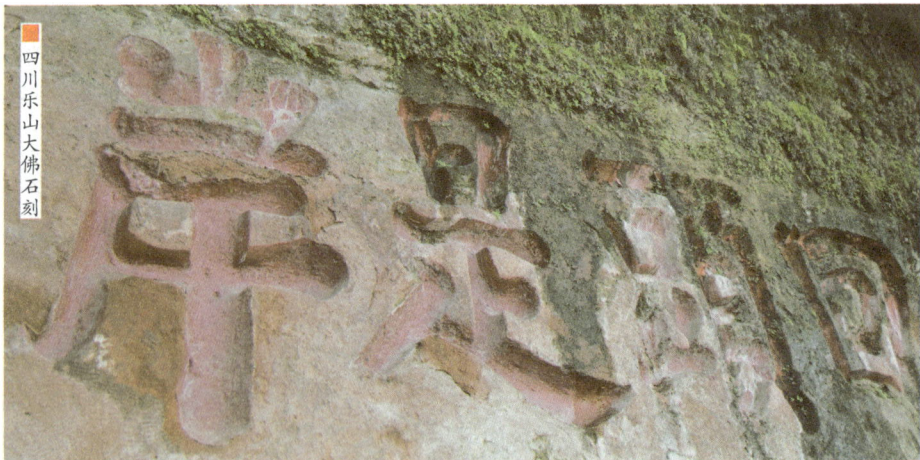

四川乐山大佛石刻

清嘉庆《乐山县志·金石》卷十五记载：

> 唐敕放生碑，县东凌云山足。碑久亡。明人重立石，也多湖。记其存者云：凌云寺灵山大像前敕、断采捕贞元十五年九月回日。

明确指出当时大佛为"凌云寺灵山大像"。凌云寺创自开元年间，至贞元年间，大佛名称中含"凌云寺"之名当属自然。大佛又称"灵山"，应该与凌云山当时称为"灵山"有关。

凌云山又叫作灵山。可能来自于蜀王开明氏鳖灵。《太平震宇记》卷八十六记载："仙穴山在县东北十里。"《周地图记》称："灵山峰多杂树，昔蜀王鳖灵帝登此，因名灵山。"

《舆地纪胜》卷一八五记载："灵山，一名仙穴，在间中之东十余里宋江上，有古丛帝开明氏鳖灵庙存焉。" 均证明间中县灵山是因鳖灵得名。

乐山大佛所在的凌云山处于青衣江、岷江交汇处，此处恰好也与鳖灵有密切关系。《水经注·江水》卷三十三记载：南安"县治青衣、江会，襟带二水矣。即蜀王开明故治也"。而"鳖灵即位，号日开明帝"，说明鳌灵在乐山定居过一段时间。现凌云山下街道犹名"篦子街"，篦子即"鳌子"的通假，鳌子即鳌灵。

因此，凌云山极可能与间中的仙穴山一样，因鳌灵登临或建过鳌灵庙的缘故而被称为"灵山"，并一直沿用至唐代。

另外，灵山或许因佛家之说而得名。凌云山，因青衣江又名为青衣山。宋代范成大《吴船录》称：

渡江游凌云，在城对岸，山不甚高，绵延有山顶，故又名九顶，旧名青衣山。

但随着开元年间凌云寺的创建，山上僧徒日众，佛教盛况空前，在这种情况下很可能以佛经中的山名来称呼凌云山，而与佛有关的名山，则是众所周知的"灵招山"，梵名党周崛，简称"灵山"。

《五灯会元·释迦牟尼佛》称："世尊在灵山会

《舆地纪胜》

南宋中期的一部地理总志，王象之编纂，自序谓：此书"以郡之因革，见于篇首，而诸邑次之，郡之风俗又次之，其他如山川之英华，人物之奇杰，吏治之循良，方言之异闻，故老之传说，与夫诗章文翰之关于风土者，皆附见焉"。后人以其详赡分明，体例谨严，考证极其核洽，誉为南宋全国性总志中最善者。

045
艺术珍品
乐山大佛

■ 世界上最大的石刻弥勒佛坐像

上，拈花示众。"灵山为释迦牟尼佛居住的说法地。因此，凌云寺僧因凌云山正在开凿大佛，借此与佛有关的山名称凌云山。

此外，宋人王象之《舆地纪胜》称："灵查山碑。唐正元中，憎乾光为其师道真令徐宇彝撰碑，而碑刻于长庆中。"

嘉庆《四川通志·金石》卷五十九称"灵招山碑"于嘉定府乐山县下，说明乐山在唐代有山名灵山。

贞元十九年，韦皋撰《嘉州凌云寺大佛像记》，在文中称大佛为"凌云寺大佛石象"。看来，大佛已定名为"凌云寺大佛像"了。

宋代，大佛又称为"凌云大像"。陆游作礼佛诗，题作《谒凌云大像》，说得十分明确。王象之《舆地纪胜》卷一四六记载："佛耳泉，在凌云大像耳后。"也使用了这一名称。

明代，大佛又改称为"凌云大佛"，再不用"大像"之称了。明万历《嘉定州志》记载孙征兰一副对联，题作"凌云大佛顶"，是很好的证明。

乐山大佛在1000多年的漫长岁月中，遭到各种各样的破坏，有自然的，也有人为的。各个朝代都对它进行过维修，自明清以来的数百年间，大佛饱受自然风雨侵蚀，以致佛身千疮百孔，面目全非。

阅读链接

20世纪30年代起，乐山大佛又称为"嘉定大佛"或"嘉定镇江佛"，这是因为乐山在南宋以来直至清末，为宪章府治或嘉定州治，故名大佛。这是首次以行政区名来称呼大佛，或许说明大佛的知名度有了校大的提高。

中华人民共和国成立后，1956年，四川省首次公布第一批四川省文物保护单位，在定名为"凌云寺摩崖造像"的同时，也注明即"嘉定大佛"。同时，大佛又开始名为"乐山大佛"，这当然是以新的行政区名乐山来命名的。

独树一帜的大佛构造

乐山大佛造型独特，形体构造更是独树一帜，从头发到全身，设计精妙，雕琢精细，富于特色，不管是石块嵌就的发髻，还是木质结构的双耳，那神奇的排水设计，都是隋唐时期佛教艺术发展至巅峰的表现，令人叹为观止。

乐山大佛气势恢宏，工程浩大，在唐朝竟然凭借着原始的劳动工具完成了这项威震古今的旷世工程，其间的艰苦与古代工艺的发达让人为之侧目。

乐山大佛内塔

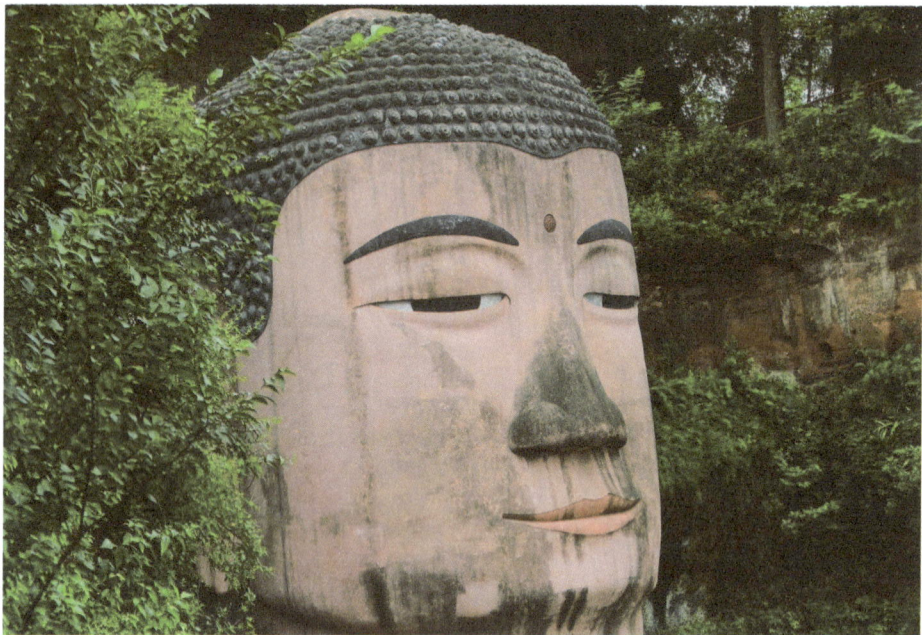
■ 乐山大佛面部

范成大（1126年~1193年），字致能，号石湖居士。南宋诗人。谥文穆。从江西派入手，后学习中、晚唐诗，继承了白居易、王建、张籍等诗人新乐府的现实主义精神，终于自成一家。风格平易浅显、清新妩媚。诗题材广泛，以反映农村社会生活内容的作品成就最高。他与杨万里、陆游、尤袤合称南宋"中兴四大诗人"。

沿大佛左侧的凌云栈道可直接到达大佛的底部。在此抬头仰望大佛，会有仰之弥高的感觉。坐像右侧有一条九曲古栈道，栈道沿着佛像的右侧绝壁开凿而成，奇陡无比，曲折九转，方能登上栈道的顶端。这里是大佛头部的右侧，也就是凌云山的山顶。此处可见识到大佛头部的雕刻艺术。

大佛顶上的头发，共有螺髻1021个，远看发髻与头部浑然一体，实则以石块逐个嵌就。单块螺髻根部裸露处，有明显的拼嵌裂隙，无砂浆粘接。大佛右耳耳垂根部内侧，有一深的窟窿，里面有许多破碎物，都是腐朽了的木泥。

南宋范成大在《吴船录》中记载"极天下佛像之大，两耳犹以木为之"，由此可知，长达7米的佛耳，不是原岩凿就，而是用木柱作结构，再抹以锤灰装饰而成。

在大佛鼻孔下端，也发现了类似的窟窿，里面露出了三截木头，成"品"字形。这就说明大佛隆起的鼻梁，也是以木头来衬托，外面装饰上锤灰而成。

乐山大佛具有一套设计巧妙、隐而不见的排水系统，对保护大佛起到了重要的作用。清代诗人王士禛在咏乐山大佛的诗中就说"泉从古佛髻中流"。

在大佛头部一共有18层螺髻，其中第四层、第九层、第十八层各有一条横向排水沟，分别用锤灰垒砌修饰而成，远望看不出，衣领和衣纹皱折也有排水沟，大佛正胸有向左侧分解表水沟，与右臂后侧水沟相连。两耳背后靠山崖处，有左右相通洞穴。胸部背侧两端各有一洞，互未凿通。

这些巧妙的水沟和洞穴，组成了科学的排水、隔湿和通风系统，千百年来对保护大佛，防止侵蚀性风化，起到了重要的作用：左右互通的两洞，由于可汇

栈道 又称"栈阁"之道，是我国古代交通史上一大发明。人们为了在深山峡谷通行道路，且平坦无阻，便在河水隔绝的悬崖绝壁上用器物开凿一些棱形的孔穴，孔穴内插上石桩或木桩。上面横铺木板或石板，可以行人和通车，为了防止这些木桩和木板不被雨淋变朽而腐烂，又在栈道的顶端建起亭阁，也称栈阁。

■ 乐山大佛发髻

柱础 我国古代建筑构件的一种，俗又称礩盘，或柱础石，它是承受屋柱压力的奠基石，凡是木架结构的房屋，可谓柱柱皆有，缺一不可。古代人为使落地屋柱不使潮湿腐烂，在柱脚上添上一块石墩，就使柱脚与地坪隔离，起到绝对的防潮作用；同时，又加强柱基的承压力。因此，对础石的使用均十分重视。

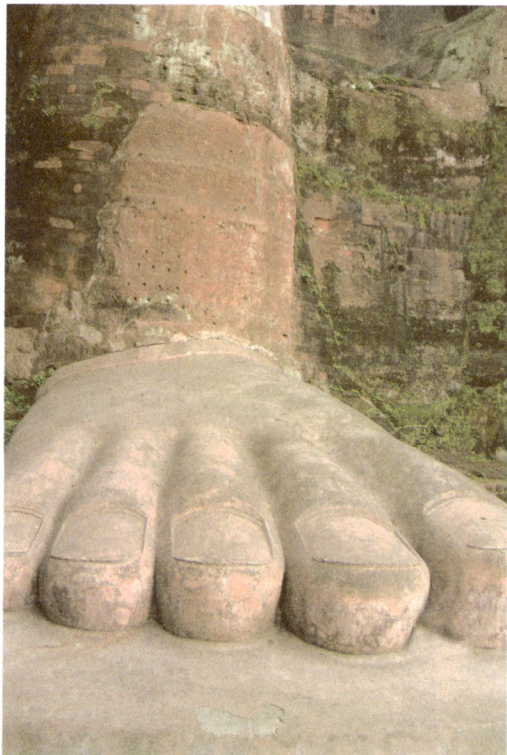

■ 乐山大佛脚趾

山泉，内崖壁上凝结了石灰质化合物，而佛身一侧崖壁仍是红砂原岩，而且比较干燥。

那左右不通的两洞穴，孔壁湿润，底部积水，洞口不断有水淌出，因而大佛胸部约有两米宽的浸水带。显然，这是由于洞未贯通的缘故。

大佛胸部有一个封闭的藏脏洞，发现里面装的是废铁、破旧铅皮、砖头等，而封门的大石竟然是宋代重建天宁阁的纪事残碑。

唐代大佛竣工后，曾建有木阁覆盖保护，以免日晒雨淋。从大佛膝、腿、臂、胸和脚背上残存的许多柱础和桩洞，证明的确曾有过大佛阁。宋代重建的时候，称为"天宁阁"，后来毁掉了。但这天宁阁的纪事残碑竟然嵌在了大佛的胸部，确是千古之谜。

乐山大佛全身比例之所以非常匀称，是因为在建造过程中是严格按佛教《造像度量经》上有关尺寸进行施工的，乐山大佛以全身可划为120分，其头顶肉磐高4分，即螺旋发结中间那块状如积粟覆瓯的部位，名为"无见预相"。

由肉髻之根下至发际也长4分，面长12分，颈长4分，颈下到心窝，与两乳平，为12分，由心窝到脐为12分，由脐至胯为12分。以上为上身量，

共60分，当全身之半。胯骨长4分，股长24分，膝骨长4分。

大佛下身胫长24分，足踵长4分，也为60分，为下身量、形象宽广的量度，由心窝向上6分处横量至腋为12分，由此下量至肘为20分，由肘向下量至腕为16分，由腕向下量至中指尖为12分，共为60分，当全身之半。左右合计等于全身之量。

乐山大佛的神态并不如一般佛像的冷漠，而具有一种让人一下就能感觉到的亲切。乐山大佛表现了"弥勒净土"信仰的精髓，即从佛的世界走向人的世界，佛与人融合为一体。

海通大师凿石为弥勒佛像，这与当时唐朝普遍信仰弥勒净土的社会背景十分吻合。

各时代佛像雕刻艺术品的鉴别，主要是从其面相、花纹、服饰等方面加以观察，如六朝的佛雕像多较丰圆，后期较为瘦长。唐代则是颊丰颐满。

大佛衣纹最初用汉代传统的阴刻手法，后来兼采用西域的凸线条，更发展成为直平阶梯式的衣纹。服饰一般采用印度的装束，由单纯而逐渐演变为复杂。

乐山大佛的造像手法较为简练，佛身各部分比例匀称，形态端严、镇静，充分体现出唐代造像的典型风格。韦皋在碑记中所言"相好"，旨在证明乐山大佛在其建造过程中是严格按照佛教造像的有关标准来进行的。

另外，一切佛像从其形体、容貌来说，基本相同。要想区别各种不同名称的佛像，只有从其"手印"来辨别。如释迦牟尼就有"说法相""降魔相""禅定相"等多种。

右手上举，以食指与大指作环形，余三指微伸，是说法相，右手平伸五指，抚右膝上是降魔像等，而乐山大佛不作任何手印，仅双手抚于膝上，这种造型十分少见。

可能初始时并非如此，右手曾毁于兵燹，在历次维修时皆因其手印难度大，而无法复原，故呈后来的双手抚膝状，可从乐山大佛右手腕处有一方台遗迹窥见一斑。

阅读链接

1962年，四川省政府拨专款对佛像做全面维修。1982年，乐山大佛被国务院列为全国重点文物保护单位。1990年，政府拨款对大佛头部进行了比较彻底的维修，同时增加了一些配套设施及服务设施。

1996年，乐山大佛被联合国教科文组织列入《世界自然与文化遗产名录》。

联合国教科文组织世界遗产专家桑塞尔博士、席尔瓦教授实地考察时，赞誉"乐山大佛堪与世界其他石刻，如斯芬克司和尼罗河的帝王谷媲美"。

乐山大佛展现佛教之美

乐山大佛是古代印度佛教文化与我国文化碰撞、融合的产物。它的修建与兴衰，也反映了佛教在我国的兴衰过程。因此可以说，乐山大佛是佛教文化中难得的丰碑。

佛像造像是随着佛教的传入一起进入我国的。《后汉书》说：

相传明帝梦见金人，长大、顶有光明。以问群臣，或曰：西方

有神，名佛，其形长丈六尺而黄金色。帝于是遣使天竺问佛道法，遂于中国图画形象焉。

晋袁宏《后汉纪》的记载与此略同，又有《佛祖统纪》等书也记载了这件事。《魏书·释老志》记载比较详细，说："自洛中构白马寺，盛饰佛图，画迹甚妙，为四方式。"又说，"明帝令画工图佛像，置清凉台及显节陵上"。这就是我国最初制作的佛像。

佛教造像在我国可以分为三个阶段：第一阶段的雕塑作品受到外来文化的强烈影响；第二阶段的作品中反映出外来文化与本地文化相融合后，造就出中外交融嬗变的技艺；第三阶段的作品越来越受到华夏文化的影响，而使艺术本身达到了高峰。

乐山大佛理当属于第三阶段的雕塑作品。同时乐山大佛的世俗化倾向比较明显，神秘性较少，折射出一种似能感觉到的亲切。

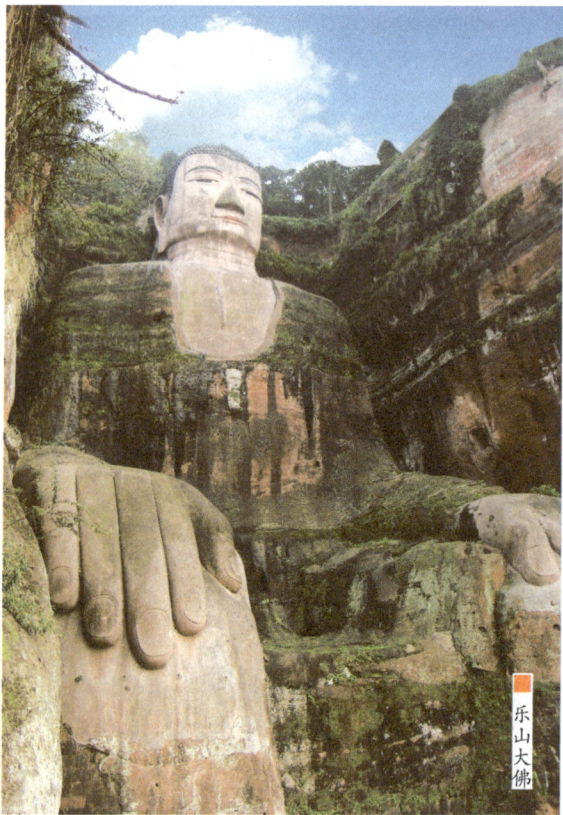

乐山大佛

我国唐代最流行的是佛教净土宗，因此净土变相在壁画中表现得最多。净土思想有两种，即弥勒净土与弥陀净土。

净土思想源于印度，早在我国东汉时期，净土的经典就已传入，支娄迦谶首译《无量清净平等觉经》《般舟三昧经》等，后来竺法护译出《弥勒菩萨所问经》《佛说弥勒下生经》等。

我国弥勒净土信仰的教团由东晋道安所创，北魏时颇盛行，齐梁间还有所闻，以后渐衰，至唐代由于武则天的推崇才又崛起。

弥勒，翻译为慈氏，又名阿逸多，译为无能胜。生于南印度婆罗门家，将来补释迦牟尼如来之佛位，为补处菩萨。《佛说弥勒下生经》记载：

光佛入灭，生与兜率天内院，为贤劫千佛之第五尊佛，自今经五十六亿七千万岁，出世于第四灭劫，下生人间，于华林园龙华树下成等正觉。

佛经预言，将来释迦牟尼的教法灭尽后，弥勒将从兜率天内院下生人间，得成佛道，转妙法轮，救度众生。

乐山大佛开凿于唐开元年间，前距武则天的"释教宜在道法之上，缁服处于黄冠之前"的政策只不过20余年。在武后统治时期，全国兴建了大量佛寺，佛教各宗迅速发展，佛教的雕塑在这时也达到高潮，许多唐代的雕塑精品多出于这一时期。

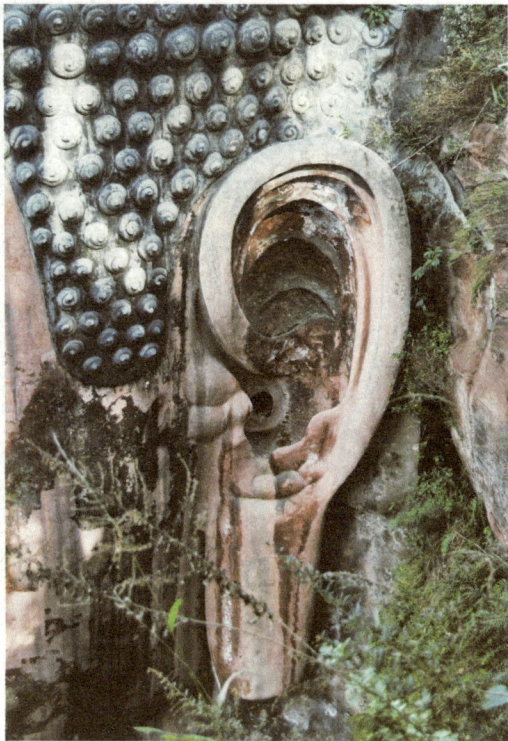

055

艺术珍品

乐山大佛

■ 乐山大佛的木质双耳

道安 我国东晋时代杰出的佛教学者，出生于读书人家。7岁开始读书，15岁对于五经文义已经相当通达，就转而学习佛法。18岁出家，由于道安综合整理了前代般若、禅法、戒律等系佛学，遂使原本零散的佛学思想，得以较完整的面目呈现于世。又因道安大师出生时手臂多长一块皮肉，时人即称之为"印手菩萨"。

■ 乐山大佛掩映在绿树丛中

布袋弥勒 是根据我国五代时期的一个名叫契此和尚的形象塑造而成的。契此乐善好施，能预知天气和预测吉凶，经常拿着一个布袋四处化缘，他曾说："弥勒真弥勒，化身千百亿，时时示世人，世人自不识。"因而，大家都认为契此就是弥勒佛的化身，从此寺庙里的弥勒佛也塑成了他的形象，一个笑口常开、大肚能容的布袋和尚。

武则天热衷于建寺造像，洛阳龙门奉先寺内的卢舍那佛像，就是由武则天"助脂粉钱二万贯"并派亲信官员专门督造才完成的。有唐一代崇佛、佞佛之风的炽盛程度，由此可见一斑。

乐山大佛完工于803年，距离845年唐武宗李炎的毁佛运动有42年之遥。在这样一段相对稳定繁荣的社会大环境下，乐山大佛才得以历经90年艰巨施工不辍。

乐山大佛是一尊弥勒佛。唐代崇拜弥勒佛，按佛教教义，弥勒佛是三世佛中的未来佛，象征着未来世界的光明和幸福。所以当海通修造乐山大佛时，自然选择了弥勒佛，而且弥勒佛是能带来光明和幸福的未来佛，这同平息水患的镇水之佛要求是一致的。

我国汉地佛教文化中，弥勒佛造像的变化是很大的，第一阶段是从印度传入我国的交脚弥勒，第二个阶段是具有"中国特色"的古佛弥勒，第三个阶段是布袋弥勒。

乐山大佛是具有我国特色的古佛弥勒。按照《弥勒下生经》书中所描述的建样，这就要求他的五官、头、手、脚、身都具有不同于一般人的特征。

乐山大佛整个形体超凡脱俗，头上的发髻、阔大的双肩、高而长的眉毛、圆直的鼻孔都是按照佛教典籍的规定修建的。印度佛像的宽肩细腰，在大佛身上荡然无存，取而代之的是壮实的双肩、饱满的胸脯，体现了唐代崇尚肥胖美的时尚。

乐山大佛坐立的姿势是双脚自然下垂，这与印度佛像的"结跏趺式"也不一样，因为大佛是修来镇水的，这种平稳、安定的坐式可以带给行船的人战胜激流险滩的勇气和决心。

阅读链接

乐山大佛品相庄严，据《佛学大辞典》上说："就佛之身体而言，微妙之相状，可了别者，是谓之相，细相之可爱乐者，谓之好。"

而所谓"相好"可详列举出"三十二相，八十种随形好"。乐山大佛无论从宏观还是微观的角度去分析，确实具备了以上所言"相好"。

其一，"故治肩脯令厚大"，乐山大佛肩宽28米；其二，"头上有结为好"，乐山大佛头顶有螺旋发结1021个；其三，"足安平"，乐山大佛脚背宽平达8.5米，可同时围坐百人以上；其四，"手指纤长相"，乐山大佛双手抚膝呈自然舒展状，其中指长8.3米；其五，"如狮子相，身体平正威仪严肃""身端直相，身形端正无伛曲者"，乐山大佛上身笔直，正襟危坐；其六，"眼若见若日月"，乐山大佛双目传神，眼长3.3米；其七，"鼻高好"，乐山大佛鼻部丰隆高直。

工程浩大的恢宏杰作

　　乐山大佛将一座硕大的山峰开凿成一尊佛，而且这尊佛结构和谐、比例匀称、形象端庄，成为唐代佛教摩崖造像的精品，这在建筑上和石窟艺术上都是独一无二的。

乐山大佛石刻

　　大佛是依山从上向下逐步凿成的，之前在南北朝时期，中原地区已经使用这种方式凿刻佛像了。这种方式需要事先周密设计，并且要用精确的测量，才能保障工程正常实施。

　　大佛工程的困难，在于它的开凿环境险恶，一边是峭壁千仞，一边是怒涛激流，再加上佛像巨大，需要克服诸多的技术困难。

　　首先，在易于风化的砂岩中，寻找开凿巨型佛像的地点，就是一件很不容易的事情。

　　其次，就是难度极高的测量问题了。初期设计，需要测量凌云山高度。开凿中，也需要对每个部位进行精确测定。这里的环境不同于其他地方，只能在相隔近千米的江心沙洲上进行这些工作。

　　1200多年前，仅仅靠着目视与简单的工具进行测量，其困难可想而知。不过，海通与当时的工匠能够解决这个问题，也不是偶然的。

　　一方面他们有佛教的《造像量度经》，这是一部具有建筑科学内

■ 乐山大佛石刻

子午线 也称经线，是人类为度量方便而假设出来的辅助线，定义为地球表面连接南、北两极的大圆线上的半圆弧。我国古代定义："某一天体视运动轨迹中，同一子午线上的各点该天体在上中天午与下中天子出现的时刻相同。"724年，唐玄宗下令制定了更为完善的历法。僧一行发起并主持了历史上第一次子午线测量工作。

容的佛教著作。

另一方面，也和唐代的科学成就分不开。从魏晋南北朝以来，我国的数学家求出了较精确的圆周率，解决了一些复杂的测量问题。特别是生活在魏晋时期的刘徽，他在《海岛算经》中，论述了计算距离和高度的方法。

这些成果在唐代被编辑成了《十部算经注释》，而且唐代的《缉古算经》解决了大规模土方工程中的三次方程求解问题。

此外，在724年，由唐玄宗下诏令，我国进行了世界上第一次子午线测量。

从魏晋至唐代的科学家，几乎受到过佛教文化的影响。大概这和佛教同时带来了印度的数学与其他科学知识很有关系。开元时期的数学与天文学家一行，正是一位僧人。因此，海通可能和一行一样，也是一位精通科学的僧人。

乐山大佛是经过周密设计，才付诸实施的。南宋诗人陆游曾经做过嘉州监郡，他对大佛也是十分好奇的，有诗写道：

江阁欲开千尺像，云龛先定此规模。
斜阳徒倚空三叹，尝试成功自古无。

并有题记："能仁院前有石像丈余，盖作大像时样也。"

"尝试成功自古无"，看来陆游对大佛能够开凿成功，极为惊讶，难以置信。另外这首诗也表明，工程经过周密设计，事先雕琢了模型，并非草草从事。石象山靠近渡口，估计海通与后来的修建者，都

061
艺术珍品
乐山大佛

■ 阿弥陀佛石刻

■ 乐山大佛侧像

弥勒佛 佛教八大菩萨之一，大乘佛教经典中又常被称为阿逸多菩萨，是释迦牟尼佛的继任者，将在未来娑婆世界降生成佛，成为娑婆世界的下一尊佛。被唯识学派奉为鼻祖，其庞大思想体系由无著、世亲菩萨阐释弘扬，深受我国佛教大师道安和玄奘推崇。

是从这里渡河，去江中沙洲测量，然后回到石象山，再做仔细的设计。

据《嘉定府志》记载，能仁院在乐山城西，位于大渡河畔，石象山旁。后来寺已不在了，诗中所说的石佛模型，更不知去向。但可以肯定的是，当年海通凿刻大佛，就是依据能仁院中的弥勒石佛小样进行的。

也许，海通先找匠人依照能仁院中的弥勒石佛凿刻成另一尊"丈余高"的小样，然后将小样抬入施工现场，叫匠人将小样按1：13的比例放大开凿。但此说法看似简单，却也存在着许多的疑点：

第一，根据韦皋《嘉州陵云大佛像记》碑文记载：大佛开凿开工时是"万夫竞力，千锤齐奋"。成千上万的工匠同时挥锤上阵，各施工面同时展开，仅依靠一尊丈余小样的依标，口头交代按1：13的比例放大，这显然是不切合实际的。

第二，大佛开凿工程前后，主持人换了三届，工匠也换了一批又一批，仅靠一个小样怎能保持前后风格一致呢？

实际上，海通选定能仁院的弥勒石佛作小样，主要是解决所塑佛像的形态问题，仿佛祖释迦牟尼的古佛形象，采取结跏趺坐的倚座姿势，出于"镇江"的要求，其左手凿成扶膝的降魔手印，双目微张，凝神远视，威而不怒，肃穆端庄。

韦皋《嘉州陵云大佛像记》中所提到的"顶围百尺，目广二丈""其余相好，一以称之"，说明大佛弥勒的建造是严格按照佛经教义规定的技术指标来进行的，这些技术指标被精确地绘制在施工平面图上，作为匠人施工时的具体依标，这样才能科学地指导造像施工，严格按施工图的数据开凿佛像，才能做到相互统一，神形皆备，比例匀称。

照此推断，海通当时动念造佛，不是一时冲动，仓促行事，而是花了近10年的时间来准备。一方面在八方筹措资金，并尽量求得朝廷的支持；另一方面积极在全国范围内物色能承担此项重任的工程技术人员和优秀工匠。

佛经 是对佛教经典的一种简略说法。有广义和狭义两种。汉文佛教经典总称为"大藏经"，包括印度和我国的佛教主要著述在内。狭义的佛经专指经藏。佛经是记录诸佛及其弟子的言行和事迹的典籍。一切经的名称起源于隋朝，它的内容包括佛所说的经典及西方释氏的著作。

■ 乐山大佛

■ 壮观的乐山大佛

绢 织物为平纹组织，质地轻薄，坚韧挺括平整，一般常见的有天香绢、筛绢等。天香绢可以做妇女服装、童装等，它的缎花容易起毛，不宜多洗。绢，穿越了数千年岁月，从制衣到作画，再到绢艺，最终，它在艺术家的手里完成了华丽的转身。绢艺在历史上究竟始于何时，目前尚无确切史料可查。

待时机成熟后，海通首先叫精于石窟佛像艺术的工程技术人员参照能仁寺的石佛造型，按佛经教义规定的技术指标做出小样，再将确定的小样绘制在绢、绸、缎等易于保存的载体上，形成施工图，图上标明比例数据供现场施工操作。

工匠照图在现场统一划线标尺，这样才能做到各作业面同时开工，有条不紊，且能保证工程质量。

这项工程到了章仇兼琼和韦皋主持阶段时，其组织形式和操作更为严密。施工方案要报审，对工程技术人员及工匠进行严格挑选，起码要有开凿石窟艺术的经验，能看得懂图纸和现场标线，对工期及质量也有一定要求。

开凿乐山大佛，无论是受海通精神的感召还是后来政府工程的吸引，当时古嘉州聚集了一大批全国优秀的工匠。正是有这些能工巧匠的智慧和汗水，才留下乐山大佛这一唐代摩崖造像的精品，留下中华民族千年文化的瑰宝。

乐山大佛的身高比阿富汗巴米扬大佛要高出8米多，乐山大佛是当之无愧的"世界第一大佛"。

传说西方佛祖释迦牟尼诞生时，一手指天，一手指地，称："天上天下，唯我独尊。"乐山大佛，经过雕琢来到世界，它完全可以同释迦牟尼一样，在佛教艺术史上，它的确是唯我独尊的。

乐山大佛是世界上最大的石刻佛像，比较体积，大佛约是一般人的10万倍。形象地说，大佛的一个脚指甲，可容4个人端坐。

我国早在先秦时代，就有了"大"这一美的形态。大即是美，即是崇高。乐山大佛具有壮阔崇高之美。如果在夏秋洪水季节，乘船沿大渡河驶入岷江，浊浪排空，惊涛拍岸，一叶扁舟随激流奔向大佛。

这时，一种压倒一切的力量、一种不可阻遏的气势，从它巨大的身躯，从它智慧的眼神中，鼓舞着搏击在惊涛骇浪之上的人们。

仿佛冥冥之中，它陪伴着人们，保护着人们。在动人心魄的体验中，人们不能不感到，大佛具有一种

绸 在古代，丝绸就是蚕丝织造的纺织品。丝绸是我国古老文化的象征，我国古老的丝绸业为中华民族文化织绣了光辉篇章，对促进世界人类文明的发展做出了不可磨灭的贡献。我国丝绸以其卓越的品质、精美的花色和丰富的文化内涵闻名于世。目前已知的最早丝织物，是出土于距今约4700年良渚文化的遗址。

■ 乐山大佛佛像岩刻

超越古今、超越宗教的崇高之美。大哉，乐山大佛！巍巍乎，乐山大佛！

佛文化也把雄伟的峨眉，点化成佛经中的"大光明山"，普贤菩萨居住的地方。融入了宏大的佛文化，凌云、峨眉风光就更有了一种独特的、深邃的意境。千百年来就有"天下之山水在蜀，蜀之山水在嘉州"的赞誉。

孔子说："仁者乐山，智者乐水。"我国的儒家文化崇尚山水。佛教文化与儒家思想在山水之中，找到了它们的一个融合点。佛教文化深深地影响了我国的山水园林艺术和中国人的审美观念。

海通把大佛置于山水景观中心，岷江横流，"大光明山"飘浮于西方云端，山横紫翠，大渡河水从峨眉滔滔奔来，万象排空，真可谓匠心独运，鬼斧神工。

乐山大佛，这种融博大精神于名山大川之中的恢宏杰作，是不可企及的。作为不再复返的历史时期的艺术，它显示出永恒的魅力。

阅读链接

从1981年起，不少单位对乐山大佛的高度进行了测量。1981-1982年，乐山市城建委请四川省勘测设计院测量的结果是：从佛顶至足底"身高为60.50米"。

1984年，西南水利电力勘察院设计队测量的结果是：从佛顶至足底高度为60米；从佛顶至踏座底高度为62.1米。

1986年，四川省水利水电勘测设计院测量队与水利电力部华东勘测设计院测量队联合采用近景摄影法测得的结果是：从佛顶至足底高度为59.2米。

1987年，武汉测绘科技大学采用近景摄影法，测得结果是：从足底至头顶坐高58.7米。很显然，这些年以来，测绘单位4次实测的结果是接近的，大佛身高在58.7~60.5米之间，误差在1.8米之内。加上高2米的踏座，现存大佛的通高在60.8~62.6米之间。

石刻荟萃

　　桂林石刻分布于普陀山、月牙山、龙隐岩龙隐洞、虞山、象鼻山、文庙等30余处名山洞府。其中，"桂海碑林"的龙隐岩和龙隐洞是桂林石刻最集中、最典型的地方。

　　云峰山摩崖石刻在山东莱州东南，与天柱山石刻一起统称"云峰刻石"。现存北魏刻石16处，北齐刻石1处。

　　南龛摩崖造像是我国隋至宋代佛教造像，始凿于隋，多为唐代造像。造像以大佛洞最为集中，汇聚了佛教各教派的造像。

多姿多彩的桂林石刻

在广西壮族自治区桂林市的普陀山、月牙山、龙隐岩龙隐洞、虞山、象鼻山、文庙等30余处名山洞府中，广泛分布着各类石刻。

桂林石刻始于东晋，兴于唐，盛于宋、明、清。桂林石刻群以摩

桂林月牙山石刻

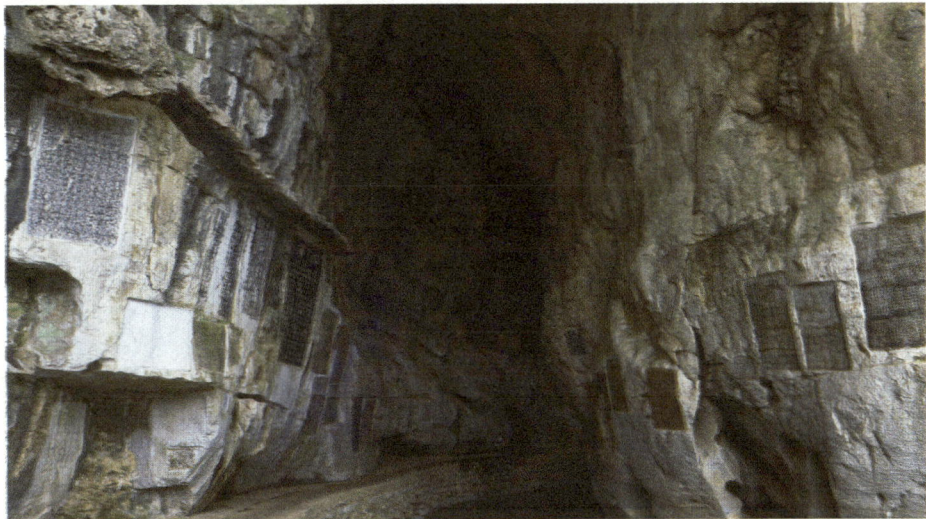

■ 月牙山石刻

崖为主，包括摩崖石刻及摩崖造像。有唐至清代石刻近2000件，是全国摩崖石刻最多的地方，也居全国宋代题刻之最。

桂林石刻中著名的有：唐《张浚刘崇龟杜鹃花唱和诗》、宋《元祐党籍》、清刻《五代贯休画十六尊者像》等，具有较高的历史和艺术价值。

文体有题名题记、诗词曲赋、赞颂歌铭、论说评议、序跋书札等。书体篆、隶、行、草俱全。造像均为佛教内容。

桂林是全国宋代摩崖石刻最多、最集中的地方，古人有"唐宋题名之渊薮，以桂林为甲"之说；桂林石刻种类繁多、文体丰富、题材广泛、且流传有序。

桂林石刻以山水为依托，与甲天下的秀丽山水互相映衬，拥有众多的名人佳作，如唐代韩云卿的《舜庙碑》、宋代黄庭坚的《五君咏》、蔡京的《元祐党籍碑》《米芾自画像》等，均为具有极高历史和艺术价值的著名碑刻。

序跋 文体名。序与跋的合称。序也作"叙"，或称"引"。是说明书籍著述或出版宗旨、编辑体例和作者情况的文章，也包括对作家作品的评论及有关问题的研究阐发。"序"一般置于书籍或文章前面，置于书后的称为"跋"，或"后序"。描写编写目的、简介编写体例和内容或对作者作品进行评论，或对问题进行阐发。

■ 桂林伏波山

碑刻界历来有"北有西安碑林,南有桂海碑林。汉碑看山东,唐碑看西安,宋碑看桂林"之说。清朝著名金石学家叶昌炽在《语石》中说:

桂林山水甲天下,唐宋士大夫度岭南来,题名赋诗,摩崖殆遍。

这种题岩赋诗之风一直盛行到近现代,桂林可谓摩崖石刻的"渊薮"。

桂海碑林在月牙山瑶光峰南麓,由龙隐洞、龙隐岩两处石刻组成。此处壁无完石,碑刻如林,共有石刻220余方,内容涉及政治、经济、军事、文件、民族关系等。形式有诗词、曲赋、铭文、对联、图像等。书体楷、草、隶、篆俱全。

年代最早的,是唐张浚、刘崇龟的《杜鹃花唱和诗》。宋碑有130多方，著名的蔡京真迹《元祐党籍》碑，反映北宋末年统治阶级的内部斗争，是国内现在唯一完整的一块，史料价值很高。

《平蛮三将题名碑》，记录了宋朝狄青、余靖平定侬智高反抗朝廷的史实。梅挚的《龙图梅公瘴说》，尖锐指出当世"民怨神怒"之源，在仕宦群中普遍存在的"五瘴"，而"仕者或不自知，乃归咎于土瘴，不也谬乎"！

石曼卿《钱叶道卿题》，笔法坚劲，是传世稀品。米芾、程节《赠·答诗》，朱颜、章岘、方信孺以及明人周进隆、清人谢启昆的题诗，都有较高艺术水平。

1665年所刻阳线观音像，线条精细，面容丰满，髻堆上有3个小头像，额间有一只小眼睛，嘴唇上还有两撇胡须，形象十分奇特。清人所书"佛"字，糅书、画为一体，匠心独具，颇有欣赏价值。

南溪山石刻现存145件，除记事、题诗、题榜、题名，还有铭文、歌诀、对联等。其中，826年刻于南溪山北玄岩洞口的桂管观察使李渤《南溪诗·序》，及其兄李涉《玄岩铭并序》，都是李渤用隶体书写的，诗、铭文、序、文词清丽，有较高的文学价值。

071

摩崖精品

石刻荟萃

■ 还珠洞石刻

玄岩洞旁有一小洞，内刻"夕室"两字，也为李渤所书。白龙洞内，有李渤的《留别南溪》诗，是1150年张仲宇等命人刊刻的。

还有李时亮的《白龙洞题诗》、关尉宗的《苗子居等五人同游白龙洞记》、吕愿忠的《白龙洞诗》。刻于玄岩的则有《朱颜胡长卿唱和诗》、翟子墅的《玄岩题名》、黄应武的《玄岩词》等。

月牙山石刻有24件，多为纪游性题名、题诗、题榜和营缮记事。最早的是1330年的《隐真岩建阁施舍题名》，除记载捐款信士姓名，还历述唐以来隐真岩道教的兴衰，是研究唐、宋、元时期桂林道教历史的珍贵资料。

1515年，陈彬开凿月牙山游览道，直达龙隐洞，月牙岩内尚存陈彬、孟洋、徐淮、龙奇、周进隆、翁茂南、詹玺等人的唱和诗。周进隆的"天子万年"榜书和陈彬的《月牙山记》等，均刻于此时。

清代石刻较多，较著名的，有1827年著名画家张宝的《登月牙山远眺诗》等。

象鼻山石刻现存石刻64件，有题诗、填词、题榜、铭文、传记、营缮纪事、跋刻名人作品等。

水月洞石壁上两幅

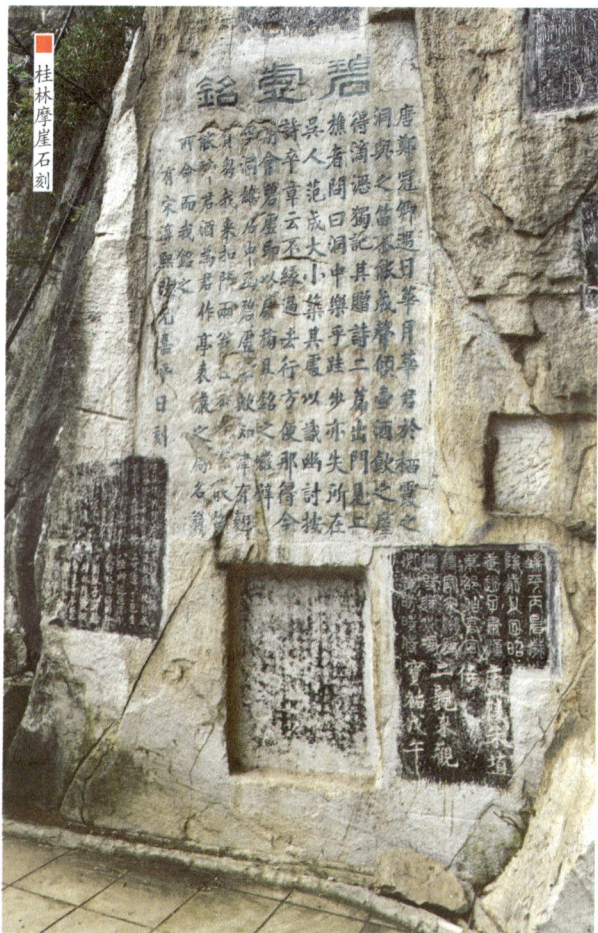

奇特的石刻

桂林摩崖石刻

巨大的摩崖，是宋乾道二年，即1166年的张孝祥《朝阳亭记》和《朝阳亭诗》。

《朝阳亭记》文大意是，张孝祥与好友张维、朱元顺来游，张维酷爱此处山水，流连忘返，僧人了元明白他的心意，便在岩前建亭。亭竣工后，再次来游，张维要张孝祥给亭起名，张孝祥想起他们在建康共事时也曾建过亭，取名"朝阳"，以示张维"学业足以凤鸣于天朝"。于是仍旧用"朝阳"两字给新亭起名，并且把水月洞也改名朝阳洞。

张孝祥认为这是件十分有纪念意义的事，便把他在建康时写的《朝阳亭诗》，和后来在桂林写的《步原韵》两首，一起刻在《朝阳亭记》旁边。

1173年，范成大任广西经略安抚使，认为水月洞之名自古流传，十分恰当，而朝阳洞之名隐山又早有了，不宜重复，应恢复水月洞名称，便特地刻《复水月洞铭》于石壁，并在序言中写道："百世之后尚无改也。"水月洞内还有宋代张维、张自明、曾宏正等人的诗词，都属佳作。1197年，杜思恭刻《陆游诗札》，为后人留下了陆游的珍贵手迹。

1231年张茂良的《赵公德政碑》，是研究赵崇模这位历史人物的珍贵资料。张釜的《范藻等五人水月洞题名》、陈畴的《水月洞题记》、卓樗的《赵谳夫等二十一人水月洞题名》，均为较好的书法作品。

奇特的石刻

芦笛岩、大岩都在光明山上。芦笛岩壁书主要分布在灵芝山、顶天柱、水晶宫等洞内岩壁上，共有78则。最早一件署明"永明"年号，当是南朝齐武帝时游客留下的。其他壁书有题名、题诗、记事、题榜等，都是游记性质的。

其中唐代柳正则、僧怀信，宋代赵温叔、僧溥法，元代演陀道人，明代周禧、沈其梅等人的题名题记，是研究地方史的重要资料。

芦笛岩还有许多和尚、道人的题名、题记，从中可窥见桂林古代宗教人士活动的情况。

大岩在光明山东西，距芦笛岩约500米，洞口十分隐蔽。岩内共有壁书93则，两岩壁书，绝大部分出自老百姓的手笔，没有艺术加工，也不存褒贬，真实记载当时历史事件片段。

中隐山在宋代是风景游览点，山有上、中、下三洞，名为佛子岩、吕公岩、张公洞。现存石刻16件，有题诗、题名、题榜、记事等。

最早为1079年的《刘谊等四人佛子岩题名》。题诗的只有吕愿忠，他在同一天内作七绝、七律各一首，刻于中洞吕公岩，诗中说："此处得名爱自我，要须题作吕公岩。"两诗状叙中隐山景况均较传神，不失为雅唱。

1159年张仲宇的《桂林盛事记》，历述宋以来王祖道等地方官对桂林的建设和此地人才辈出的盛况，是研究地方史的重要资料。

1173年僧祖华的《修造福缘寺记》，反映历届地方政府对中隐山福缘寺的修缮情况。文中还说到僧祖华和道家唐法超共同"募缘十方，重建福殿"的事。一僧一道，合作建殿，这是宋王朝推行僧道并举政策的产物。此处还有张维的《张公洞记》《罗愚等十人中隐山题名》等。

隐山现有石刻85件，最早为825年刻在北牖洞的《李渤吴武陵等八人隐山游记》，是吴武陵"奉命操笔，倚岩叙题"的，故碑面未经加工。

北牖洞口，还有宋代理学家张栻1178年所书"招隐"两字题刻。石刻中内容较好的还有1154年吕愿忠

理学 我国宋、元、明、清时期的哲学思潮。又称道学。它产生于北宋，盛行于南宋与元、明时期，清中期以后逐渐衰落。理学是北宋以后社会经济政治发展的理论表现，是我国古代哲学长期发展的结果，特别是批判佛、道哲学的直接产物。

075

摩崖精品

石刻荟萃

■ 桂林伏波山石刻

奇特的石刻

桂林象鼻山石刻

袁枚（1716年～1798年），清代诗人、散文家。字子才，号简斋，晚年自号仓山居士、随园主人、随园老人。他是乾隆四年的进士，历任溧水、江宁等县知县，有政绩，40岁即告归。在江宁小仓山下筑随园，吟咏其中。广收诗弟子，女弟子尤众。袁枚是乾嘉时期代表诗人之一，与赵翼、蒋士铨合称"乾隆三大家"。

的"六洞"诗，1259年李曾伯的《游隐山诗》，1557年周于德的"六洞"诗，和清代曾燠、胡与玲、曾在廷等人的作品。

1819年刻于招隐洞口的《隐山铭》，是名重当世的学者、两广总督阮元的作品。此文作于阮元56岁生日，他说："近年所驻之地，每于是日避客独往山寺……是日避客于此山，贯行六洞，竟日始返。"身为总督，生日避客，也属难得。

叠彩山石刻范围包括叠彩山、于越山、四望山和仙鹤、明月两峰，有201件，内容分别为记事、题诗、题名、题榜、题字、绘画等。

风洞是最集中的石刻点之一。844年元晦的《叠彩山记》和《四望山记》，记载了叠彩山名称的由来、开发经过及当年的建筑设施。

1547年周的《无冤洞记》，将曾受冤而死的晋代将领高宝、隋代总管虞庆则、唐代桂州押衙乐生3人的冤状刻于石，使这些历史冤案昭白于世。

叠彩山石刻中题诗较多，而且多在"风洞"的"风"字上做文章。1194年朱颜的《访叠彩岩》，有"百越熏风里""六合本同风"句，是较好的诗作。明代周进隆、傅伦、刘台、杨芳、王鸣鹤等，清代袁枚、张宝、女诗人严永华等都有题诗。

其中著名的，是袁枚的《游风洞登仙鹤明月诸峰》，开头便是"泱泱天大风"，意境高远开阔，"我身伛偻入，风迎更风送"，生动形象，整首诗诙谐有趣。

1889年刻于迎风阁磴道旁严永华的《留题叠彩山》，是桂林两千余件石刻中唯一的女诗人的作品。

此外，还有唐代以来许多题榜、题字，楷、行、草、隶、篆各体俱全。郭司经书刻于1882年的大"寿"字，构思巧妙，内含"壹百寿"三字。1905年刘心原所书"风来"二篆字，有意横刻，大有迎风飘之势。

伏波山还珠洞

仙鹤洞曾是元代庆真阁所在，是道教活动区，现存石刻是研究桂林道教兴衰史的宝贵资料。

铁封山石刻现存摩崖石刻6件，多为记事，兼有图像、题榜。777年刻石的《平蛮颂》，篆额为大书法家李冰阳，撰文为古文学家韩云卿，书碑则是"精于八分楷书"的韩秀实，3人均为时人所推重，这件石刻提供了宝贵的历史资料。

此外，刻绘于桂林城北鹦鹉山上的《靖江府城图》，是我国现存两件最古老的古代石刻地图之一，它刻于1271年，也是全国面积最大的一幅石刻城图，是地图设计史上的一个重大创举。

在伏波山还珠洞中，留有北宋著名书画家米芾23岁到桂林任临桂县尉时的题名石刻，加上刻在龙隐岩内的《米芾程节赠答诗》，更是弥足珍贵。

桂林摩崖石刻花样品种数不胜数，上叠彩山，去木龙渡，游七星岩，转独秀峰，探龙隐岩，无一处不体现石刻的精妙。桂林的摩崖石刻犹如一部鲜活的历史，让游人领略到桂林历史文化的博大浩瀚，"桂林石刻甲天下"。

阅读链接

月牙山又叫龙隐山，在山西麓有一北西穿透长约60米、宽约10米、高约15米的大洞。在北边洞口，洞顶有一条凹槽，槽内因水溶蚀留下的痕迹，极像龙鳞。

相传有一条老龙曾经隐睡在这个洞里，后来刘三姐的歌声感动了它，于是破壁而飞，现在在洞的东壁上还有"破壁而飞"四个大字。因此人们把这个洞称为龙隐洞。

在这个洞稍南的地方，有一洞穴，也因龙隐之名而称龙隐岩。龙隐岩是桂林诸山岩中石刻最多的地方，著名的"桂海碑林"就是由龙隐岩和龙隐洞组成的。

云峰山的千年摩崖石刻

云峰山，又名文峰山、笔架山，位于山东省莱州市区东南处。其主峰东、西两侧各有一峰，形同笔架，当地人称笔架山。其西连高望山，东接寒同山，北望沧海，南眺群峰。虽海拔仅300余米，却山岩耸秀，林壑优美。

云峰山不仅以山峦奇丽、风光绚丽著称，而更以其拥有众多的北朝摩崖刻石名传千秋，声誉中外。

云峰山摩崖石刻与天柱山石刻一起统称为"云峰刻石"。共有历代刻石35处，其中北朝刻石17处，山阴半腰以《郑文公下碑》为

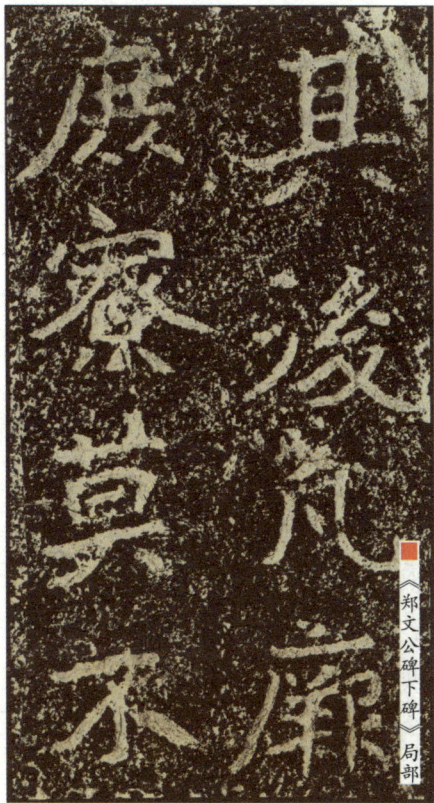

《郑文公碑下碑》局部

■《郑文公碑下碑》局部

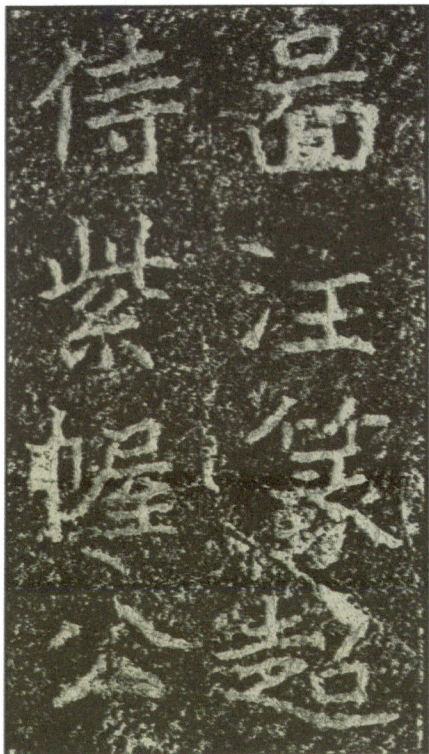

起点，向上有《论经书诗》《观海童诗》《咏飞仙室诗》《耿伏奴题字》等。

山顶以《云峰之山题字》《九仙之名题字》为中心，四周有《赤松子》《王子晋》《安期子》《浮丘子》《羡门子》5处题字。

东、西两侧峰有左、右阙之称，左阙西壁有《左阙》《山门》两处题字及郑述祖《重登云峰山记》，阙口南端巨石平面刻《当门石坐题字》，右阙仅刻《右阙题字》。

此外，山上尚存宋、元、明、清刻石18处，多为文人墨客的游记、题咏以及留名等。除一处明代石刻在山阳外，其余均在山阴与极顶。

云峰山刻石以山势取之，大小不一，形态各异，

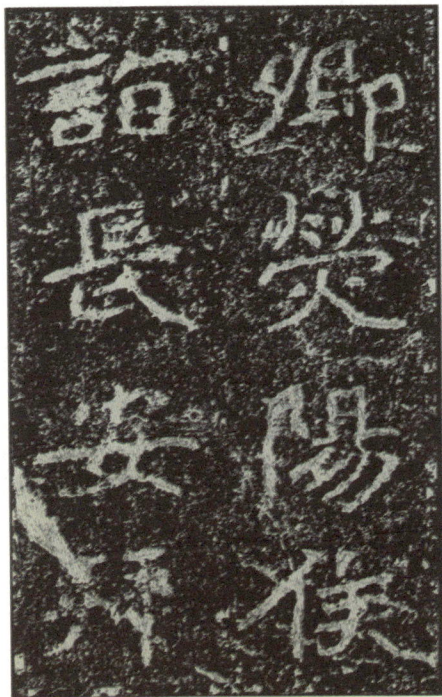

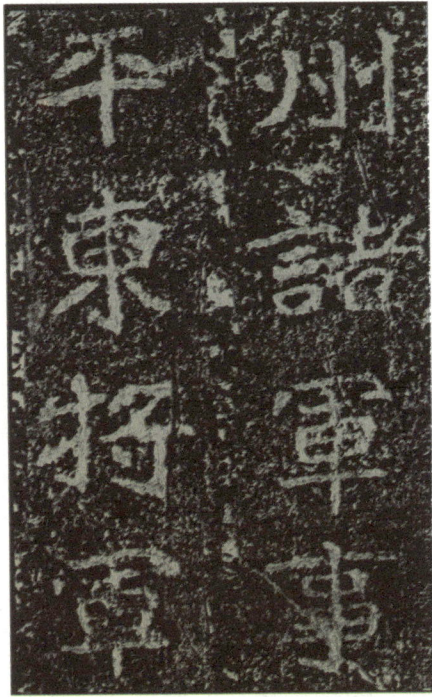

或矗立，或斜依，或偃卧，多处突兀岩石侧面，由山腰散布至山巅，形成天然碑林。

北朝孝文帝移都中原洛阳后，在统治黄河流域百年多的过程中，立碑之风大兴，逐渐成为一种时尚，书艺也因而大兴，流派也风趣自然。

魏宣武帝时，光州刺史、书法家郑道昭为颂扬其父郑文公一生的功德和抒发自己对祖国美好的感受，在任职期间，曾周游云峰诸山，乘兴书写了很多经过刻石工匠精心雕刻的摩崖刻石，成为北朝刻石流传至今最多者，甚为后人所重。

郑文公碑亭云峰刻石能够流传后世，纵横海内，绝不是偶然的。

郑道昭在他的书法生涯中，体会到一块较为成功的摩崖刻石，不仅限于文词上的华丽、书艺的高超，

■ 《郑文公碑下碑》局部

北朝 是我国历史上与南朝同时代的北方王朝的总称，其中包括了北魏、东魏、西魏、北齐、北周等数个王朝。北朝结束了我国从八王之乱起将近150年的中原混战的局面。后世的隋、唐两朝都是继承了北朝，他们的开国皇帝们的祖先都是北朝名贵，并且又从军事和政治制度等各个领域都沿袭北朝并加以更好地发展和创新。

■ 《郑文公碑下碑》局部

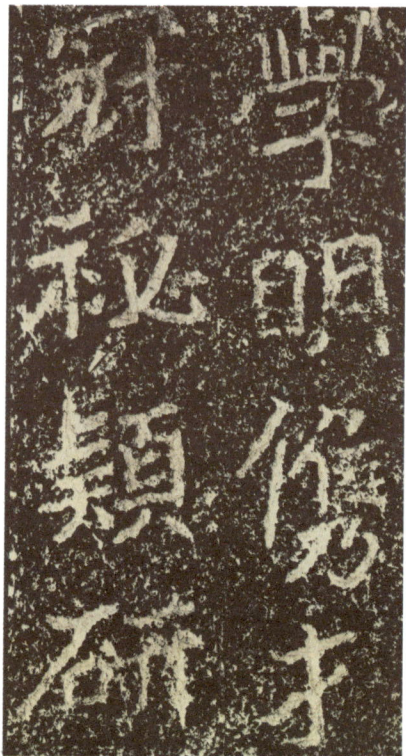

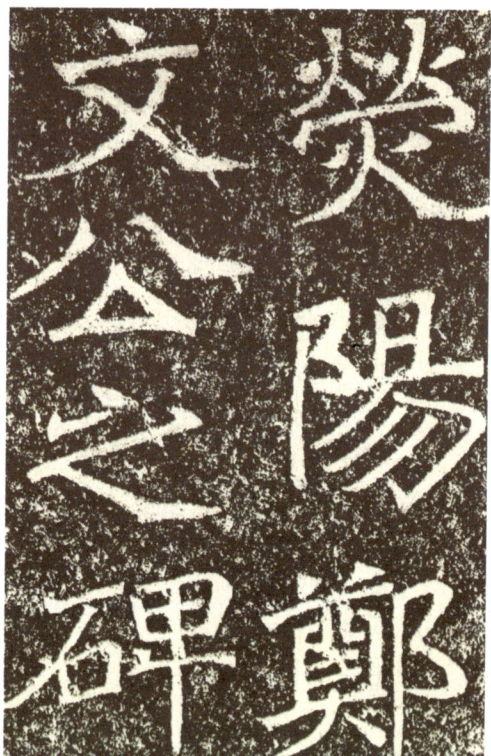

刻石石质的优劣也至关重要，它是"刊石铭德，与日永扬"的关键条件之一。刻石面貌各异，其中刻工技巧虽有一定的作用，但关键还是石质的优劣所致。因而"以石好故于此刊之"。

刻石与四周的自然景色融为一体，是云峰刻石的一大特色。随着一年四季气候的变化，石质再好，也经不住长年累月自然的侵蚀。

因为若三伏暑天突降冷雨后，天再变晴，南向烈日暴晒，刻石表面由于热胀冷缩的突变侵蚀，导致风化程度的加深，危害尤大。

但是，郑道昭对此已有预料，因而在刻石的选择上，他既考虑到自然的风化，又采取了减少自然风化的合理措施。如云峰山刻石多选择于云峰之阴，东向或西向的石面且多隐藏在绿树成荫幽静的山谷中，由茂密的树丛遮挡风沙的侵蚀和南向强光的暴晒。

云峰刻石，选址得当，虽历经久远，由于郑道昭独具匠心的精心安排，他那《郑文公碑》《论经书》《观海滝》等刻石，笔圆而涩、体方骨峻的书法风貌仍跃然于石壁之上，闪闪发光。

《郑文公碑》云峰刻石，充分利用天然岩石、依山凿刻，或矗立，或斜依，或偃卧，嵌空叠架，姿态不一。刻石不受岩石大小的约束，造型千奇百怪，耐人寻味。

云峰刻石设计独特，不受框框限制，既考虑章法，又因石取势。在《郑文公碑》1000多字的石面偏左有一条由上而下的粗劣石线斜穿而过，在左下角不宜刻字的部位大胆地闪过。

甚至在一行完整的刻石中，因石质粗劣有意越过，留去一字或数字的空白，整个章法闪让交错，取其天然，上下贯联，给人的感觉非常庄重、古朴。

《论经书》原石质为一不规则的三角形，书写中灵活地采用了下齐上不齐的手法，避开了左边石质粗劣部位，把全文的刻石集中于右半部。

由于处理得当，章法显得格外生动别致，数十块很不显眼的岩石，通过他的巧妙构思，将一块静止的

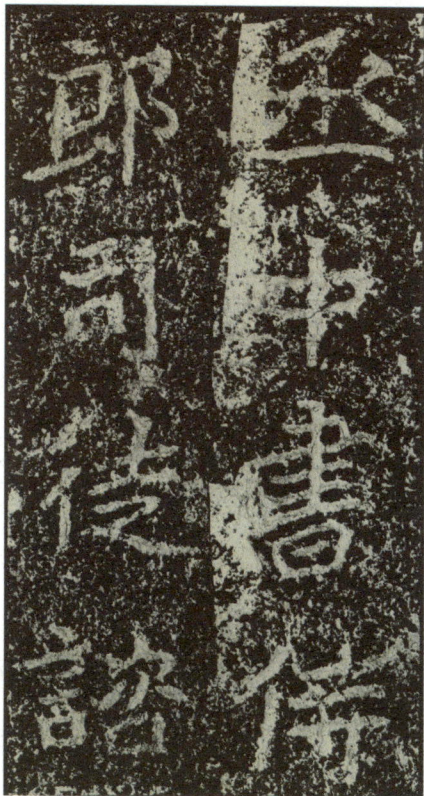

石刻荟萃

■ 《郑文公碑下碑》局部

章法 指文章的组织结构，比喻处理事情的规则和办法。我国书法章法是指安排布置整幅作品中，字与字、行与行之间呼应、照顾等关系的方法。也即整幅作品的"布白"，也称"大章法"。习惯上又称一字之中的点画布置，和一字与数字之间布置的关系为"小章法"。

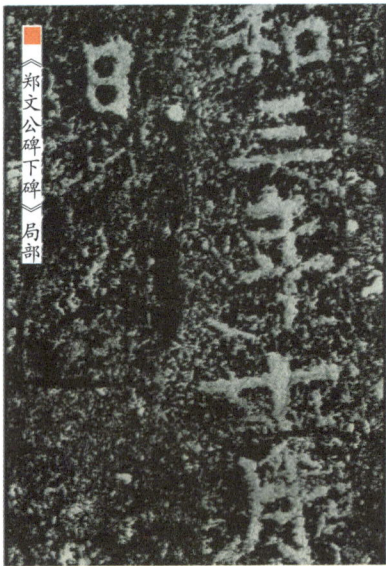
《郑文公碑下碑》局部

岩石，化作富有生命且具有时代风貌的艺术形象。

从云峰刻石的雕刻艺术，可以看出我国尤其是边远地区的半岛，比如当时的光州，在雕刻工艺方面有了相当高超的水平，达到了纯熟自如的境地，在刀法上多以圆刀代替了平直的刀法，由早期粗放方整到方圆结合风格飘逸，顿、挫、运、转，表现深刻，使传统的雕刻技法和书法艺术融为一体。

云峰刻石书法艺术的字体刚健挺拔、沉雄浑博，刻石章法气派宏大，那不留名的刻石工匠雕刻鸿篇巨制的高超技艺，保住了千年古字锋芒犹新。

奇特的石刻

阅读链接

我国独有的书法艺术，一向有"南帖北碑"之分。南方盛行帖学，北方盛行碑学，并由此分为我国书法的两大流派。一般来说，帖派笔锋流媚婉丽，碑派则雄奇方朴。而在北碑中，又以魏碑为鼎盛时期。魏碑又为后世的楷书奠定了基础。

然而，魏碑虽然百家齐出，风格万千，但保留至今的碑铭不过200余件，自成流派的也仅有10家，郑道昭是其中之一，可是在云峰山保留下来的碑刻达42件之多。不论就书法的造诣，还是刻石的数量，都令历代学者蜂拥而至，像朝圣一般来到这里。

1998年，云峰山被国务院定为国家级重点文物保护单位。郑道昭书法被推为楷书之最，是研究我国文字由隶书向楷书演变的宝贵资料。

巴中的南龛摩崖造像

南龛摩崖造像位于四川巴中城南化成山，即南龛山上，规模宏大，雕嵌玲珑，栉比相连，是古代石窟艺术的杰出代表，更是巴州古文化的结晶。

巴中有许多处摩崖造像，分布在南龛、北龛、东龛、西龛以及水宁寺等几处，其中以南龛的造像规模最大、最集中，也最为完整。

南龛岩石壁立，高十余丈，长数百尺，方正如削，列层分龛，镶佛累累。南龛造像，始创于南北朝，隋唐不断增镌，形成

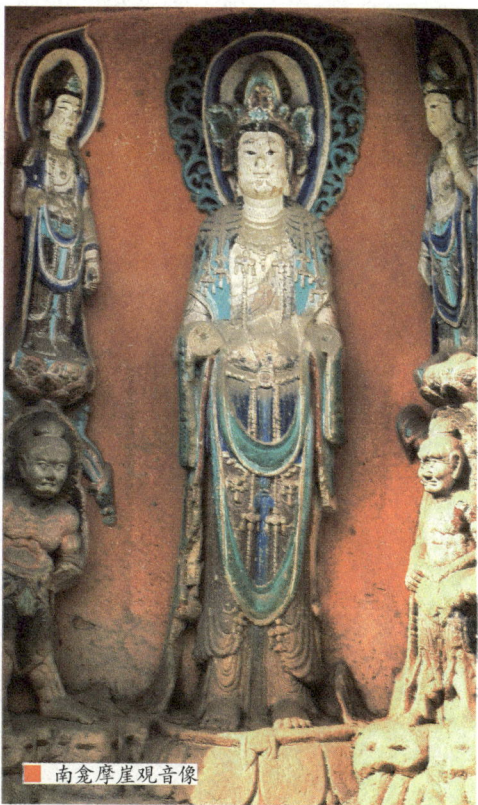

南龛摩崖观音像

南龛摩崖造像有隋代至宋代佛教造像龛窟133个，造像2100余尊。南龛有历史记载的最早的造像题记为740年。

南龛摩崖造像位于化成山山腹，始于南北朝时期的梁魏，续镌于隋代，盛镌于唐代，后经历代增镌，逐渐形成斑斓玲珑、栉比相连的石窟群。世人始称南龛寺，又名光福寺，其名乃唐肃宗于759年所敕。

造像主要分布在云屏石、山门石、大佛洞一带，大窟小龛，密如蜂房。现存造像174龛，2000多尊。

南龛造像，以供养窟为主，刻佛教故事的极少，其中有释迦牟尼佛、药师佛、毗卢舍那佛、阿弥陀佛、双首佛、双身佛、鬼子母菩萨、如来佛等造像。

菩萨造像，以观音菩萨为最多。其余的则为闻法

鬼子母菩萨 即佛教中的鬼子母神，又称为欢喜母、暴恶母或爱子母，梵文音译诃利帝母。原为婆罗门教中的恶神，护法二十诸天之一，专吃人间小孩，称之为"母夜叉"。被佛法教化后，成为专司护持儿童的护法神。在我国也称之为"送子娘娘"。

■ 南龛摩崖造像

■ 南龛大佛洞佛像

等诸菩萨及八部、天王、力士、伎乐、飞天等护法的造像。各种佛像精巧玲珑，姿态各异，气质浑厚，端庄丰满，神情潇洒，典雅大方。

南龛大佛洞区岩石壁立，这里是造像最为集中的区域，汇聚了佛教各教派的造像，在东西宽45米、南北长252米的山崖上，共有造像176龛，2700多尊。造像题材广泛，内容丰富，从大龛到小龛，从大身到小身，从造像到龛楣，均雕琢精湛，手法洗练。

大佛洞区的左边，是山门石区。这里原有供奉道教始祖李耳的老君洞，造像、题刻主要有"送子观音"造像。

"福""寿"两字，是1851年孙基题写的。

与山门石区对面的，是云屏石区。云屏石因其酷似舟船，故又名"船头石"。崖壁上尚存760年等造像题记及历代妆修碑记、游记。

李耳 即老子，字聃，一字或谥伯阳。他是我国古代伟大的哲学家和思想家，他是道家学派创始人，被唐朝帝王追认为李姓始祖。存世有《道德经》，又称《老子》，其作品的精华是朴素的辩证法，主张无为而治，其学说对我国哲学发展具有深刻影响。

飞天 意为飞舞的天人。在我国传统文化中，天指苍穹，但也认为天有意志，称为天意。在佛教中，婆婆世界由多层次组成，有诸多天界的存在，这些天界的众生为天人，个别称为天神，天即此意。飞天多画在佛教石窟壁画中。飞天原是古印度神话中的歌舞神和娱乐神，他们是一对夫妻，后被佛教吸收为天龙八部众神之内。

■ 南龛观音石刻

从云屏石下来，是南龛摩崖造像的正门。历代文人墨客多有墨迹镌刻，李白曾书"怪状"两字镌刻于此，杜甫也有诗及题刻。

南龛造像受我国北方石窟艺术的影响，融合了蜀地的民俗风情。

在雕刻技法上和艺术处理上，南龛造像打破了以前那种神秘化和程式化的束缚，体现了盛唐时期的雕塑艺术风格。有些主尊佛，面上流露微微的喜悦，给人以亲切之感，众多的菩萨像或单独成龛，或与阿弥陀佛、地藏合塑一龛，人物造型妩媚多姿，肌肤细腻丰满，富有女性的特征。

南龛石窟各类人物特征鲜明：佛像表情和善，庄严肃穆；菩萨像体态优美，神情潇洒；力士像，威风凛凛，刚劲雄健；飞天像，雕刻精巧，朴实无华。

第116号龛是巴中石窟艺术代表作，在龛窟内雕刻了93尊佛像，全都栩栩如生。释迦牟尼佛津津乐

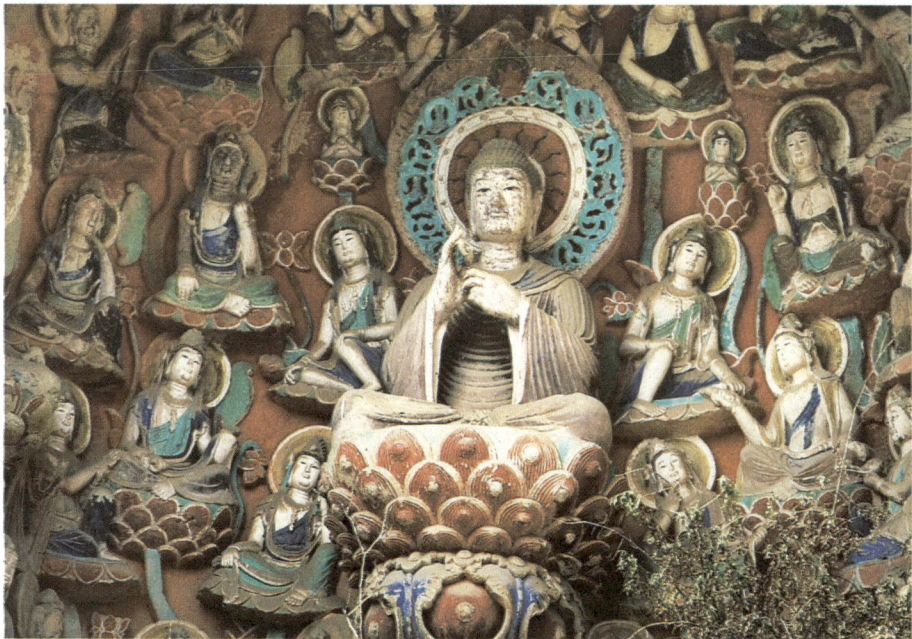

■ 南龛大佛洞石像

道，讲经说法，众菩萨凝神静听，姿态各异，富有浓厚的生活气息。龛楣上6个飞天神采奕奕，弹琵弄筝，吹箫奏笛，翩翩起舞，呼之欲出。天王则脚登草鞋，勇悍浑厚。

南龛造像的另一个特点是身躯健美，面容丰满，衣饰富丽，如最大的毗卢舍那佛像，结跏趺坐，头戴华玉的花冠，身着袒右肩袈裟，面容饱满，唇润卧丰，身躯健美，表情庄严肃穆，充分表现出令人皈依的艺术魅力。

大量单身观音像的出现为南龛造像的突出特点，这些观音像都明显女性化，肌肤细腻丰满，体态婀娜多姿，容颜妩媚动人，曳裙飘舞。

第53号龛和76号龛的一佛二弟和八部护法神龛，布局严谨，雕刻精巧微妙。

石窟还十分注重龛楣的雕刻、彩绘，设计了很多

护法 又称护法神，是佛教的护法者，拥护佛陀的正法。佛陀为顾虑末世会有诽谤正法、破坏寺塔者，就派请四大声闻、十六阿罗汉等护持佛法。梵天、帝释天、四天王、十二神将、二十八部众等听闻佛陀说法后，都誓愿护持正法，这些拥护佛法的众神被称为护法善神。

南龛摩崖石刻造像

的屋形窟，雕有花草、动物、天神、化佛等图案。同时，以绿、红、白、粉、蓝、土红色等进行彩绘，使龛楣清新精美，气势磅礴。

南龛摩崖造像多采用高浮雕的刻法，衣纹和璎珞用流畅和明快的阴刻线条，刀法纯熟、洗练。不但表述了不同内容的佛传式"经变"故事，而且形象地反映了不同时代的美学标准、社会生活面貌。

南龛石刻形式和内容的统一，充分体现了古代匠师的聪明才智，为我们研究历代政治、经济、文化等提供了十分有价值的资料。

南龛摩崖造像规模宏大，雕嵌玲珑，栉比相连，是我国古代劳动人民巧夺天工的艺术精品，是古代石窟艺术的优秀代表，是巴州古文化的历史见证。

阅读链接

文中讲道"经变"，是描绘佛经内容或佛传故事的图画。又称变相、佛经变相。

其取材多与当时流传的佛教思想有关，如南北朝时期的经变多采自小乘经典，宣扬自我牺牲的精神，呈现朴拙的风格，内容以本生经变相、佛传故事居多；隋唐以后，大乘思想盛行，诸师更创新义、立新派，以致其内容富有变化，有维摩诘经变、本行经变、金刚经变、金光明经变等类。

一般而言，经变多以壁画表现，此风至唐代尤盛。另外，亦有表现在立体雕塑者。两宋以后，则多绘于缂丝、绣像、绢画上。